도서출판
십자가사랑의 길

1. 십자가사랑의 책

도서출판 십자가사랑의 책을 통하여 예수 그리스도의
십자가사랑이 전파되며, 진실된 복음이 전 세계 만방에 펼쳐지길 원합니다.

2. 십자가사랑의 재정

도서출판 십자가사랑의 재정은 선교와 구제와 교회를 세우고
복음을 전하는데 사용되어지길 원합니다.

3. 십자가사랑의 사역

도서출판 십자가사랑은 하나님의 마음으로 정직하며
불의를 행하지 않는 기독교 기업으로 성장하길 원합니다.

주어진 권세로
영적세계를
정복하라

1

주어진 권세로
영적 세계를 정복하라 · 1

초판 3쇄 발행 2017. 5. 1.

지은이　　권기성
펴낸이　　황인애
북디자인　공간42 이용석

펴낸곳　　도서출판 십자가사랑
등록번호　제 379-2014-000080호(2014. 8. 13.)
주 소　　 서울 성북구 성북 1동 179-56
전 화　　 070-7553-0123
홈페이지　www.crosslove.co.kr
ISBN　　 979-11-953406-2-0

책 값　　 뒤표지에 있습니다.

잘못 만들어진 책은 교환해 드립니다.

하나님의 사람들 시리즈 2

주어진 권세로
영적세계를 정복하라

권기성 지음

1

with Jesus power
Rule over spirit world

십자가사랑

프롤로그

**보이는 세계보다
더 큰 보이지 않는 영적 세계**

고등학교 때 성경을 읽다가 깜짝 놀란 적이 있습니다. 누가복음 16장에 있는 부자와 나사로의 이야기를 읽을 때였습니다. 지옥에 있던 부자가 말했습니다.

"불러 이르되 아버지 아브라함이여 나를 긍휼히 여기사 나사로를 보내어 그 손가락 끝에 물을 찍어 내 혀를 서늘하게 하소서 내가 이 불꽃 가운데서 괴로워하나이다" (눅 16:24, 개정)

이 이야기를 읽을 때 묻혀 있던 기억이 선명하게 떠올랐기 때문입니다.

아버지는 초등학교 5학년 때 돌아가셨습니다. 자살하셨습니다. 당시에는 가족들이 예수님을 믿지 않았기 때문에 제사를 지냈습니다. 매번 제사 때마다 '아버지의 영'(귀신)이 어머니에게 입신하여 우리에게 나타났습니다. 사도 바울은 제사를 통해 귀신과 교제하지 말라(고전 10:20)고 했지만, 우리 가족은 예수 믿기 전에 몇 년 동안 귀신과 교제하는 삶을 살았습니다. 그런데 그 당시 귀신과 교제할 때 들었던 놀라운 이야기가 있었습니다. 그것은 지옥에 관한 이야기였습니다. 귀신은 지옥에 대해 많은 이야기를 해 주었습니다. 그 중에 하나가 지옥에서 죽은 자들이 불꽃 가운데서 고통받는 이야기였습니다. 또한 지옥에서 죽지 않는 구더기 이야기(막 9:48)도 해 주었습니다. 그러나 나는 이것을 기억으로 남겨 놓았을 뿐 믿지는 않았었습니다.

나중에 가족들은 예수를 믿었고, 제사를 통한 귀신과의 교제도 완전히 사라졌습니다. 그런데 부자와 나사로의 이야기가 나의 오래 전 기억을 선명하게 떠오르게 한 것입니다.

귀신에게 들었던 지옥의 이야기를 성경을 통해 발견한 것입니다!

나는 예수님을 믿기 전부터 영적인 존재들에 대한 체험들이 있었습니다. 예수님을 믿기 전부터 귀신의 존재도 알았고, 영적 세계에 대해서도 알았습니다. 그래서 인지 하나님은 내가 예수님을 믿고 난 후에 오히려 더 많은 영적 세계를 알게 하셨고 체험하게 하셨습니다.

성령과 성경의 세계를 통해 '사람의 영적 세계', '악령의 영적 세계', '성령의 영적 세계'를 더 깊게 알게 하시고 체험케 하셨습니다.

  보이는 세계보다 더 큰 보이지 않는 영적 세계를 성령과 성경의 계시들을 통해 알고 체험하게 하신 것입니다.

  나는 지금껏 한 번도 책을 출간한 적이 없습니다. 책을 낼 만한 능력도 되지 않습니다. 그러나 하나님께서는 그 동안 내 삶에서 체험한 영적 세계의 것들과 하나님께서 성령과 성경의 계시로 보여 주신 것들을 책을 통해 하나님의 백성들과 함께 나누길 원하셨습니다.

  그래서 이렇게 부족하고 능력없는 자가 말씀에 순종하여 책을 집필하게 되었습니다.

  이 책을 내놓으면서 오로지 원하는 것이 있다면 하나님만이 드러나길 간절히 원하는 것입니다. 또한 이 책을 통해 많은 하나님의 백성들이 영적 세계를 알고 체험함으로 하나님의 세계에 더 가까이 다가가기를 원합니다.

2014년 7월 22일
주안에서
권 기 성

1권 차례
C O N T E N T S

Part 1 살아 오면서 경험했던 영적 세계 이야기
1장 살아오면서 경험했던 특이했던 영적 존재에 대한 체험 • 013
2장 더 깊은 영적 세계로의 진전 • 039

Part 2 사람의 영적 세계
'영혼육'

1장 인간의 영과 혼과 육 • 079
2장 영의 사람이 되기 위하여 거쳐야 할 단계 • 099
3장 천국과 지옥, 영혼과의 관계 • 111
4장 성경적 관점에서의 이분설과 삼분설 • 125

Part 3 악령의 영적 세계
'사탄의 공격'

1장 사탄의 공격과 믿는 자들에게 주어진 영적 무기 • 145
2장 신자와 귀신들림 / 귀신의 공격과 영적 원리들 • 175

part 4 성령의 영적 세계

'성령의 양육'

1장 성령님이 우리를 성장시키는 단계별 방법 • 199

2권 차례

Part 1 악령의 영적 세계
'사탄의 존재와 공격'
1장 사탄과 지옥의 기원 | 2장 사탄의 과거 현재 미래의 모습 | 3장 사탄의 조직과 체계 | 4장 하나님 나라 vs 사탄이 악한 영역을 확장하는 수단 | 5장 믿는 자들을 향한 악한 영들의 공격 | 6장 영적 세계의 원리 '사울과 신접한 여인' | 7장 악한 영들의 견고한 진을 파쇄하기

Part 2 성령의 영적 세계
'성령의 사역'
1장 성령님은 어떤 분이신가? | 2장 심령이란 무엇인가? | 3장 성령하나님의 음성 | 4장 하나님의 권능과 은사에 대하여

part 3 사람의 영적 세계
'성장하는 그리스도인들을 위한 지침'
1장 성장하는 그리스도인이 가져야 할 것 '선한 두려움' | 2장 성장하는 그리스도인이 가져야 할 '고난'에 대한 이해 | 3장 성장하는 그리스도인이 싸워야 할 적 '교만' | 4장 성장하는 그리스도인의 '감정처리' 방법 | 5장 성숙한 그리스도인의 증거 '영적 분별력' | 6장 성숙한 그리스도인의 열매 '순종'

Part 1

살아오면서 경험했던 영적 세계 이야기

1장

살아 오면서 경험했던 특이했던
영적 존재에 대한 체험

1. 아버지의 제사를 통해 경험했던 독특한 체험

아버지의 죽음

"쨍그랑! 와장 창창"

내가 어렸을 적 자라면서 들었던 익숙한 소리입니다.

인간은 망각의 동물이라고 합니다. 하지만 오랜 세월이 흐른 지금도 선연히 떠오르는 기억이 있습니다.

1981년 초여름, 초등학교 5학년 때의 일입니다. 수업 중에 누가 교실 앞문을 열었습니다. 건장한 남자 분이셨습니다. 선생님이 잠깐 그 분과 이야기하시더니 다시 들어오셨습니다.

"기성아 좀 나와 봐라. 저 분이 너와 할 말이 있으시단다."

나는 선생님과 함께 나갔고, 그 분은 나에게 아버지의 죽음을 알렸습니다.

그 분을 따라 병원으로 가보니 이미 소식을 접한 어머니가 와 계셨습니다. 통곡하며 오열하는 어머니를 보니 비로소 아버지의 죽음이 실감 났습니다. 그때 처음으로 하늘이 무너져 내린다는 것이 무엇인지 알게 되었습니다.

아버지가 돌아가시기 전날 우리 집에서는 한바탕 큰 소동이 일어났습니다. 몸을 가눌 수 없을 만큼 술을 드신 아버지는 집안 창문과 집기들을 다 부셨습니다.

"쨍그랑 와장 창창"

아버지의 폭행을 견디다 못해 가족들은 뿔뿔이 도망쳤습니다. 먼저 빠져나간 어머니는 친척집으로, 나머지 사남매는 큰 형의 친구 집에서 밤을 지새웠습니다. 어릴 적 삶의 일상이었습니다. 나는 큰 형 친구 집에서 밤을 지낸 후 이튿날 학교에 등교했습니다. 그날 형사 분이 아버지의 죽음을 알리기 위해 학교로 찾아 온 것입니다. 아무도 없는 빈집에서 아버지는 스스로의 분을 이기지 못하고 옥상에서 목을 매 자살하셨던 것입니다.

장례 염을 하다가 생긴 일

시신은 병원에서 집으로 운구 되었습니다. 안방에 모셔졌고 관에 누인 시신은 병풍으로 가려졌습니다. 장례를 위해 친척 분들이 오셨고 그 중 몇 분이 다음날 염을 진행하셨습니다. 그런데 염을 진행하시던 도중 마지막 가는 아버지 모습이라도 보라며 우리 사남매를 불렀습니다. 그때 죽은 사람의 모습을 처음 보았습니다. 아버지의 얼굴은 아주 창백해 보였지만 살아 있을 때의 모습과 같았습니다. 목에 남은 선명한 피멍자국을 제외하면 말입니다. 친척 어르신은 계속 염을 진행하셨습니다. 저승에서 굶지 말라며 입술 사이에 쌀을 채우셨고 저승 갈 때 노자 돈으로 쓰라며 눈 위에 동전도 끼워 넣으셨습니다. 귀도 코도 다 막으셨습니다. 이때 갑자기 옆방에서 큰 소란이 일어났습니다. 어머니의 목소리가 들렸습니다.

"내가 세병이야! 내가 세병이라고. 내가 이렇게 살아 있다고!"

어머니는 자신이 아버지라고 소리를 질렀습니다. 이 소리를 들으면서 나는 두려움에 휩싸였습니다. 아버지를 잃은 지 불과 며칠 만에 어머니까지 미치는 것이 아닌가 해서 말입니다. 다행히 친척들의 도움으로 어머니의 소란은 서서히 진정되어 갔습니다. 아버지의 염은 이렇게 끝났고, 삼일 장례를 치른 후 시신은 장지에 묻혔습니다.

아버지는 비참하고 비극적인 삶을 사셨습니다. '술과 폭력'은 아버지를 대표하는 이미지였습니다. 아버지는 두려움 그 자체였습니다. 그래서 아버지가 돌아가셨다는 말을 들었을 때 하늘이 무너지는 것 같았지만 한편으로는 '이제 다시 도망 다니지 않아도 되겠구나'하는 안도의 마음도 있었습니다.

기구한 삶을 사신 아버지는 첩의 아들이었습니다. 본처와 자식들을 둔 채 할아버지는 첩을 얻었고 그 첩이 낳은 아들이 우리 아버지였습니다. 그러나 이런 집안에서 견뎌내지 못한 아버지는 결국 어려서 집을 뛰쳐나왔고 전국을 떠돌며 살았습니다. 아버지에게는 이러한 기구한 인생이 있었고 결국 비극으로 생을 마감하셨습니다.

아버지의 49재에 생긴 일

아버지가 돌아가시고 49재[1] 제사상이 차려졌습니다. 통상 제사는 밤늦은 시간에 진행했기 때문에 초등학생이었던 나는 기다리지 못하고 꾸벅꾸벅 졸았습니다. 제사 후 마음껏 먹게 될 제사 음식에 희망을 두면서 말입니다.

자정 즈음 제사가 시작되었습니다. 당시 고등학생이었던 큰 형은 친척 분이 써 주신 한글 제문을 읽었습니다. 아버지는 살아 있을 때 워낙 술과 담배를 좋아했기 때문에 술도 따라 놓고 담배도 지펴 제사상에

---

1) 사람이 죽은 뒤 49일째에 치르는 불교식 제사 의례입니다.

올려놓았습니다. 어린 나도 첫째 형, 둘째 형이 하는 대로 그대로 따라 절을 했습니다.

그런데 제사가 끝나 갈 무렵 또 다시 이상한 일이 벌어졌습니다. 옆에 조용히 앉아 계셨던 어머니가 남자처럼 굵은 목소리를 내며 '내가 니들 애비다'라고 하는 것이었습니다. 첫째 형과 둘째 형은 어머니의 이런 모습을 보며 황당해 하며 서로 바라볼 뿐이었습니다. 그러더니 어머니가 제사상에 올려놓은 담배를 집어 들고 피우기 시작했습니다. 어머니는 원래 담배와 술을 전혀 못하는 분이셨습니다. 그런데 아버지의 살아생전 그대로의 모습으로 담배를 피우는 것이었습니다. 뿐만 아니라 따라 놓은 술을 드시더니 반찬은 손가락으로 집어 드셨습니다. 아버지는 젓가락 대신 보통 손가락으로 자주 안주를 집어 드셨습니다. 흡사 아버지의 모습을 보는 것 같았습니다.

그리고 아버지의 영혼[2]이 사남매를 부르며 자기 앞에 앉으라고 하는 것이었습니다. 그래서 첫째 형, 둘째 형, 저와 여동생이 함께 앉았습니다. 그러면서 아버지가 살아 있을 때처럼 어머니의 입을 통해 말을 하는 것이었습니다. 혼란스러웠습니다. 왜냐하면 아버지는 분명히 죽었는데 어머니의 모습 속에서 아버지의 모습이 보였기 때문입니다. 당황한 첫째 형이 "진짜 아버지의 영혼이 맞는지 확인해 봐도 되겠냐"고 물었습

---

[2] 여기서 말하는 아버지의 영혼이 실제 어떤 존재인지는 차후에 더 상세히 다룰 것입니다.

니다. 아버지와 자신만이 아는 비밀을 물었는데 아버지 영혼이 이것을 정확히 맞췄습니다. 둘째형이 물었을 때에도 역시 정확히 맞추는 것이었습니다. 첫째형과 둘째형은 죽은 아버지가 혼령이 되어 찾아온 것이라고 인정했습니다. 이때부터 매번 제사 때마다 죽은 아버지의 영혼과의 교제가 시작되었습니다.

또한 아버지의 영혼은 어느 때부터인가 우리에게 점을 쳐주기 시작했습니다. 점쟁이가 점치는 것처럼 엄지손가락으로 검지, 중지손가락을 번갈아 짚으며 점을 치는 것이었습니다. 신기할 정도로 그 점괘는 정확하게 맞았습니다. 많은 사람들이 보통 점치는 것을 미신으로 취급하는데, 점치는 것은 귀신(점치는 영)을 통해 점을 치는 것입니다. 이렇게 어김없이 제사상이 차려진 날에는 아버지 영혼이 찾아왔고 점을 쳐주며 이런 저런 이야기를 하다 새벽녘이 되면 떠나갔습니다.

2. 아버지 영혼에게 들었던 놀라운 영적 세계의 이야기

이사한 후에도 계속 되었던 아버지 영혼의 방문

군산에서 아버지는 옻칠 농장을 만드는 목수로서 제법 큰 사업체를 운영하셨습니다. 그러나 아버지가 돌아가신 후 결국 운영하던 가구 공장도 망했습니다. 그 후 사기를 당하게 되었고 우리 가족은 갖은 고생 끝에 겨우 셋방 얻을 돈만 건져 전주로 이사하게 되었습니다. 전주에서도 사는 것이 여의치 않자 어머니는 큰 결단을 하셨습니다. 서울 행을 결심한 것입니다.

1984년 봄 서울 노량진으로 이사를 하게 되었습니다. 지금은 노량진에 멋진 아파트촌이 형성되어 있지만, 당시 우리가 이사했던 곳은 달동네였습니다. 워낙 높은 지대라 산동네라고도 했습니다. 작은 단칸방에서 어머니와 사남매가 함께 살았습니다.

그때 내가 많이 했던 심부름이 연탄을 사는 것이었습니다. 몇 백 장씩 살 여력이 없었기에 새끼줄에 묶은 연탄을 매일 두 장씩만 샀습니다. 어떤 때는 수돗물이 나오지 않아 저녁밥을 해 먹지 못하던 때도 있었습니다. 지대가 낮은 아랫동네에서 물을 다 쓰는 바람에 산꼭대기에 살았던 우리 집까지 수돗물이 공급되지 못했기 때문입니다. 또 겨울에는 구들장을 뚫고 올라온 연탄가스 때문에 생사를 오가며 죽음의 문턱까지 간 적도 있었습니다. 그때 김칫국물이 우리의 유일한 약이었습니다. 아마 지금 내 기억력이 휘발성이 된 것도 그때 연탄가스 때문이 아닌가 합니다.

그러나 끼니도 연명하기 힘들었던 가난한 시절이었지만 달동네의 풍경은 참 좋았습니다. 여의도가 한 눈에 보였습니다. 당시 63 빌딩을 한창 건축하고 있었는데 집 앞에서 훤히 다 볼 수 있었습니다. 건물의 뼈대가 다 지어지고 금색 유리창이 붙여질 때는 유리창에 반사된 햇빛이 우리 집을 금색으로 물들이기도 했습니다.

아버지 영혼이 들려준 영적 세계의 놀라운 이야기

이사 후에도 죽은 아버지 영혼의 방문은 계속되었습니다. 그러던 중 제삿날 방문한 아버지 영혼을 통해 놀라운 이야기를 들었습니다. 자신이 죽었을 때 일어났던 일들에 대해 어머니의 입을 빌어 말해 주었던 것입니다.

이제부터는 그 때 당시 들었던 이야기를 그대로 전하고자 합니다.

아버지는 죽으면서 영혼과 몸이 분리되었는데 어느 순간 청소기에 빨리는 것처럼 아버지의 영혼이 빨려 올라 갔다고 했습니다. 주위를 보니 다른 죽은 영혼들도 자신과 같이 빨려 올라가더랍니다. 그런데 어느 지점에서 그 영혼들이 둘로 갈라지더랍니다. 한 무리의 영혼은 저쪽으로, 아버지가 속한 영혼들은 이쪽으로 쭉 빨려 갔다고 했습니다. 그리고 아버지와 무리들이 어딘가에 도착해 보니 그곳이 바로 '지옥'이었다고 했습니다. 그러면서 자신이 그 지옥에서 지금 어떤 고통을 받고 있는지를 설명해 주었습니다.

자신은 불구덩이에 던져졌고 유황불 속에서 고통을 받고 있다고 했습니다. 그 고통은 상상을 초월한다고 했습니다. 유황불이 살을 다 태우면 살이 다시 돋아나고, 또 태우고, 다시 돋아나고를 반복한다고 했습니다. 그래서 지옥에서는 살이 타는 냄새가 진동한다고 했습니다. 게다가 지옥의 다른 장소에서 고통당하는 이야기를 해 주었는데 가히 말로 표현할 수 없는 이야기를 했습니다. 지옥에는 불구덩이만 있는 게 아니라, 수많은 형벌들이 헤아릴 수 없을 만큼 많다고 했습니다. 그 중 특별히 기억나는 것은 지옥에는 아주 넓은 벌판 같은 것이 있다고 했습니다. 끝이 없는 넓은 벌판에 큰 항아리를 넣을 만 한 구멍들이 빽빽이 파져 있는데 그 곳에 한 사람씩 들어가 있다고 했습니다. 뼈에 가죽만 덮은 모습 속에 허연 사람의 혼이 들어 있다고 했습니다. 이런 사람들을 구더기 같은 벌레가 공격을 한다고 했습니다. 구더기가 온갖 구멍으로 드나들며 살과 내장을 파먹으면서 큰 고통을 준다는 겁니다. 결국 뼈만 남긴다고 합니다. 그런데 그 뼈에 또 살이 돋아나고 구더기는 또 그 살을 파먹고 하는 일이 영원히 반복된다고 했습니다. 그러면서 지옥 곳곳에서 일어나는 일들에 대해 상세히 설명해 주었습니다. 그러나 나는 이것을 믿지도 마음에 담아두지도 않았습니다. 왜냐하면 이야기가 마치 무협지 소설처럼 느껴졌기 때문입니다. 이런 저런 이야기를 하고 난후 새벽녘이 되면 아버지 영혼은 어김없이 떠나갔습니다.

아버지 영혼을 통해 들었던 천국 이야기

그 다음 제삿날에도 아버지 영혼은 또 다시 찾아 왔습니다. 그러면서 더 놀라운 이야기를 해 주었습니다. 그것은 천국에 대한 이야기였습니다. 아버지 영혼은 자신이 죽었을 때 두 갈래로 갈라진 영혼들이 어디로 갔는지에 말해 주었습니다. 아버지 영혼이 말했습니다.

"우리와 갈라져 다른 곳으로 간 영혼들은 바로 천국으로 간 영혼들이다. 이들은 살았을 때 예수를 믿었기 때문에 그것이 '열쇠가 되어' 천국에 가게 된 것이다"

나는 태어나서 한 번도 천국과 지옥에 대한 이야기를 들어 본 적이 없습니다. 물론 어릴 적에는 친구들과 함께 부활절이나 성탄절날 교회에 가 본적은 있습니다. 그러나 그때 교회를 간 이유는 계란과 과자 때문이었습니다.

반면 어머니는 내가 어렸을 적 교회를 잠깐 나가셨습니다. 그런데 어느 날 아버지는 교회에서 예배드리던 어머니의 머리채를 잡고 집으로 끌고 오셨습니다. 교회에 갔다는 이유로 개 패듯이 때렸습니다. 그리고 아버지는 성경책을 그 자리에서 갈기갈기 찢어 마당에 패대기쳤고 신나를 부어 태우셨습니다. 마당에서 놀고 있던 나는 이 장면을 고스란히 다 보게 되었습니다. 이런 모습을 보았던 내가 교회를 간다는 것은 도저히 상상할 수가 없는 일이었습니다.

그런데 지금 아버지 영혼이 예수 믿으면 천국 가고 믿지 않으면 지옥 간다는 말을 하고 있는 것입니다. 게다가 만약 우리가 예수를 믿고 교회에 다닌다면 더 이상 젯밥을 얻어먹을 수 없지만 "그래도 예수를 믿으라"라고 하는 것입니다.

이것은 사실 믿기 어려운 이야기입니다. 그러나 이것은 당시 큰 형, 작은 형, 나, 여동생, 아버지 영혼과 접신하고 있던 어머니 모두가 들었던 내용입니다. 이후 큰 형과 작은 형은 자살로 생을 마감했지만 나와 여동생, 접신의 당사자였던 어머니는 이 모든 것을 고스란히 다 기억하고 있습니다.

특이하게 우리 가족은 전도를 통해 예수님을 안 것이 아니었습니다.

그러나 이런 체험이 있었음에도 불구하고 곧바로 교회를 다닌 것은 아니었습니다. 사실 믿어지지가 않았기 때문입니다. 접신의 당사자였던 어머니는 바로 교회에 다니기 시작했지만, 어머니를 제외한 다른 가족은 교회를 다니지 않았습니다. 오히려 큰형은 불교에, 둘째형은 남묘호랭게교에 빠져 집에 오면 이상한 주문을 외우고는 했습니다.

그러다 내가 교회에 나가게 된 결정적 계기가 있었는데, 1986년 6월 현충일날 일어난 사건 때문이었습니다. 고등학교 3학년이었던 둘째 형이 친구들과 놀러간 관악산에서 목을 매 자살한 것입니다. 나에게는 큰 충격이었습니다. 아버지의 자살을 통해 경험했던 암흑이 또 찾아 온 것입니다. 무엇인가 의지하고 싶었고 마음을 붙일 곳이 필요했습니다. 그때 같은 반 친구가 전도를 하고 있는 상황이었습니다. 그 친구는 복음을 전한 것이 아니라 교회에 있는 여학생들로 나를 꼬신 것이었지만, 작은 형의 자살로 의지할 곳이 필요했던 나는 친구의 전도로 교회에 나가기 시작했습니다. 교회는 나에게 별천지였습니다. 많은 친구들을 만날 수 있었고 수련회 같은 행사에, 재미있는 게임, 문학의 밤, 올 라이트(All Night)[3]도 하면서 교회에 적응하기 시작했습니다. 교회에 다니면서 자살한 둘째 형의 충격에서 서서히 벗어나게 되었습니다.

---

3) 당시 성탄절 전야에는 교회에서 밤을 꼬박 새며 놀다가 새벽에 새벽 송을 도는 전통이 있었습니다.

성경을 통해 발견했던 놀라운 것들

교회는 나에게 큰 활력소를 제공해 주었습니다. 여학생도 있었지만, 좋은 친구들을 만나게 되었습니다. 교회 친구들과 함께 운동하며 공부하는 것이 큰 행복이었습니다. 이렇게 몇 년이 지나다보니 신앙심이 생기기 시작했습니다. 자연스럽게 성경을 읽기 시작했는데 성경에서 놀라운 것을 발견하게 되었습니다. 그 첫 번째가 누가복음 16장 24절 말씀이었습니다.

"한 부자가 있어 자색 옷과 고운 베옷을 입고 날마다 호화롭게 즐기더라 그런데 나사로라 이름하는 한 거지가 헌데 투성이로 그의 대문 앞에 버려진 채 그 부자의 상에서 떨어지는 것으로 배불리려 하매 심지어 개들이 와서 그 헌데를 핥더라 이에 그 거지가 죽어 천사들에게 받들려 아브라함의 품에 들어가고 부자도 죽어 장사되매 그가 음부에서 고통 중에 눈을 들어 멀리 아브라함과 그의 품에 있는 나사로를 보고 불러 이르되 아버지 아브라함이여 나를 긍휼히 여기사 나사로를 보내어 그 손가락 끝에 물을 찍어 내 혀를 서늘하게 하소서 내가 이 불꽃 가운데서 괴로워하나이다 아브라함이 이르되 얘 너는 살았을 때에 좋은 것을 받았고 나사로는 고난을 받았으니 이것을 기억하라 이제 그는 여기서 위로를 받고 너는 괴로움을 받느니라 그뿐 아니라 너희와 우리 사이에 큰 구렁텅이가 놓여 있어 여기서 너희에게 건너가고자 하되 갈 수 없고 거기서 우리에게 건너올 수도 없게 하였느니라." (눅 16:19-26, 개정)

이 성경 이야기를 읽다가 너무나 깜짝 놀랐습니다. 왜냐하면 이 말쏨은 아버지 영혼이 우리에게 이야기한 내용과 너무 흡사했기 때문입니다. 이 말씀을 읽으면서 그 동안 잊고 있던 지옥의 불구덩이의 이야기가 다시 살아나는 것이었습니다. 사실 나는 아버지 영혼이 한 말을 불신하고 있었는데 성경에서 그 이야기를 발견한 것입니다!

그런데 나를 더 놀라게 한 것은 마가복음 9장 말씀이었습니다.

> "만일 네 발이 너를 범죄하게 하거든 찍어버리라 다리 저는 자로 영생에 들어가는 것이 두 발을 가지고 지옥에 던져지는 것보다 나으니라 만일 네 눈이 너를 범죄하게 하거든 빼버리라 한 눈으로 하나님의 나라에 들어가는 것이 두 눈을 가지고 지옥에 던져지는 것보다 나으니라 거기에서는 구더기도 죽지 않고 불도 꺼지지 아니하느니라" (막 9:45-48, 개정)

예수님께서 지옥의 장면을 묘사한 말씀인데 "거기에서는 구더기도 죽지 않고 불도 꺼지지 아니하느니라"는 말씀을 읽으며 깜짝 놀랐습니다. 아버지 영혼이 이야기한 구더기의 이야기가 여기에 나오고 있는 것입니다!

아버지의 영혼이 한 말을 무협지처럼 허무맹랑한 이야기라고 무시했는데 성경을 통해 그것을 발견한 것입니다. 뿐만 아니라 고린도전서 10장 말씀을 통해 우리 가족이 그동안 제사상에서 무슨 짓을 했는지도 알게 되었습니다.

"무릇 이방인이 제사하는 것은 귀신에게 하는 것이요 하나님께 제사하는 것이 아니니 나는 너희가 귀신과 교제하는 자가 되기를 원하지 아니하노라" (고전 10:20, 개정)

사도 바울이 제사는 귀신과 교제하는 것이라고 이야기하고 있는 것입니다!

많은 사람들이 제사를 미신처럼 생각하거나 조상 때부터 내려오는 미풍양속이나 전통이라고 생각합니다. 그리스도인들 중에도 이러한 생각을 가진 사람들이 상당수 있습니다. 그러나 그렇지 않습니다. 제사는 전통도 미풍양속도 아니고 귀신과 교제하는 것이요, 귀신을 숭배하는 행위입니다. 내가 실제로 이것을 체험한 사람입니다. 이 부분에 대해 제 2권 책 '악령의 세계'에서 더 상세하게 다룰 것입니다.

나는 아버지의 영혼을 통해 천국과 지옥을 알았고, 성경을 통해 이것을 확증하게 되었습니다. 이후 나의 신앙은 계속해서 성장하였고, 고등학교 2학년 때 강한 성령세례를 체험한 후 하나님이 목회자로 부르셔서 1991년 신학대학에 입학하게 되었습니다.

3. 귀신과의 교제에서 축사사역[4]으로

어머니에게 임했던 영적 은사들

귀신과의 접신을 경험했던 어머니는 곧바로 교회에 다니기 시작했습니다. 그러나 어머니는 생각보다 교회에 흥미를 붙이지 못했습니다. 교회를 다닌 후에는 제사상을 차리지 않으니 다시 접신하는 일은 없었지만 그렇다고 믿음이 급성장한 것도 아니었습니다. 그러다 지인 초청으로 참석한 부흥회에서 강한 성령체험을 하게 되었습니다. 이후 어머니의

---

4) 성경의 많은 부분에서 예수님이 귀신을 쫓아내는 사역에 대해 기록하고 있습니다. 예수님은 우리 믿는 자들을 향해 분명하게 말씀하셨습니다. "믿는 자들에게는 이런 표적이 따르리니 곧 그들이 내 이름으로 귀신을 쫓아내며 새 방언을 말하며"(막 16:17, 개정). 그러므로 축사사역은 믿는 사람들이 예수님 이름으로 귀신을 쫓아내는 영적 권세의 사역입니다.

신앙은 완전히 바뀌게 되었습니다.

어머니는 홀연 단신으로 사남매를 양육해야 했기 때문에 아침부터 저녁까지 쉼도 없이 일해야 했습니다. 그러다 작은 형을 자살로 잃었습니다. 자살로 작은 형을 잃은 지 불과 3년 만에 또 다시 큰 형을 자살로 잃었습니다. 불과 몇 년 사이에 아버지, 둘째 형, 첫째 형이 자살로 생을 마감한 것입니다. 이런 시련 속에서 의지할 곳이 아무데도 없었던 어머니는 오로지 하나님만을 붙들었습니다. 그리고 하나님을 만난 것입니다. 이후부터 어머니는 눈 코 뜰새 없이 바쁜 와중에도 피곤한 몸을 이끌고 새벽예배와 철야예배를 빠지지 않고 다녔습니다. 이렇게 하나님만을 바라보며 매달리자 어머니에게 놀라운 영적인 은사들이 나타나기 시작했습니다.

어머니가 장안동에서 작은 식당을 운영할 때였습니다. 당시 나는 신학생이었는데 방학 동안에는 집에 와 있었습니다. 성령세례를 경험한 어머니는 은혜를 받고 전도에 열심을 내셨습니다. 그 당시 동네의 한 할머니를 전도하기 위해 공을 드리고 있었습니다. 그러던 와중 한 사건이 일어났습니다. 할머니가 손목을 심하게 다친 것입니다. 이걸 보고 어머니가 기도해 주겠다며 나섰답니다. 그런데 어머니가 부르짖으며 기도하는 도중에 시큰둥하며 기도를 받던 할머니의 손이 나아 버린 것입니다. 더 재미있는 것은 얼마 후에 할머니의 손자가 놀이터에서 놀다 넘어져 발목을 다쳤다고 했습니다. 애지중지하던 손자를 봐주다 이렇게 되니 할머니의 입장이 여간 난감한 일이 아니었을 겁니다. 그때 본인이 기도 받고 나았던 것을 기억하고 손자를 위해 기도했는데, 또 그 아픈 발목이 나은 것입니다. 이 사건이 할머니를 교회로 이끌었습니다.

이렇게 어머니에게서 '신유의 은사'가 나타나기 시작했습니다. 또한 예언의 은사와 축사의 능력이 나타나기 시작했습니다. 이런 은사들이 나타나자 하나님은 식당을 그만 두게 하시고 어머니를 하나님의 사역 가운데로 이끄셨습니다.

결국 어머니는 말씀에 순종하여 모든 것을 정리하고 한남동 집으로 들어가셨고, 집에서 시설을 운영하시며 하나님의 사역을 감당하셨습니다. 하나님은 여러 종류의 사람들을 보내주시기 시작하셨습니다. 귀신 들린 사람, 정신분열증 환자, 노숙자, 교도소 출소자, 장애우, 치매 노인, 버려진 노인들, 어느 때는 일본에서 버려진 청년까지 찾아오기도 했습니다. 그런데 사역 초장기에 하나님께서 가장 많이 보내 준 사람들은 바로 '귀신들린 사람들'이었습니다.

어머니와 함께 했던 축사사역

나는 신학대학을 다니면서 방학이면 집에 왔습니다. 그러면서 자연스럽게 어머니의 축사사역을 보게 되었고 자연스럽게 돕게 되었습니다.

처음에는 축사사역에 대해 탐탁지 않게 생각했습니다. 귀신들린 자들은 수시로 소리를 질러댔고 이상한 행동, 이상한 소리를 내기도 했습니다. 어머니가 축사할 때 간혹 귀신들과 싸우는 소리도 들려왔습니다.

"예수 이름으로 나가!"

"안 나가. 여긴 내 집이야!", "내가 주인인데 네가 무슨 간섭이야!"

어떤 귀신들린 사람은 힘이 너무 강해 내가 나서서 도와주어야만 할 때도 있었습니다.

어머니가 이들을 제압하기 위해 주로 썼던 방법은 그 사람의 숙소에 찬송가를 틀어 놓는 것이었습니다. 어머니의 이런 모습을 보면서 처음에는 '왜 비싼 반주기를 사서 이런 용도로 사용하나' 생각했는데 나중에 그 이유를 알게 되었습니다. 신기한 것은 찬송가를 틀어 놓으면 귀신의 발작이 점차적으로 잠잠해 지는 것이었습니다. 어머니는 이런 상태에서 축사를 진행하셨고, 많은 사람들이 귀신의 묶임에서 풀려났으며 치유를 경험했습니다. 나는 어머니의 사역을 도우면서 영적 세계에 대해 시서히 배워 나가기 시작했습니다.

축사 사역의 실패와 좌절

그런 와중에 축사사역에서 실패를 경험하게 되었습니다. 이 사건은 나를 축사사역으로부터 일정한 거리를 두게 만들었습니다.

어느 날 귀신들린 할머니가 오게 되었는데 할머니는 항상 누군가와 대화를 했습니다. 병원에도 가보고 가족들이 말리기도 했었지만 할머니의 이런 증상을 치료할 수가 없었습니다. 그래서 어머니에게까지 온 것입니다.

할머니의 가족들이 돌아간 후 나는 할머니가 누구와 무슨 이야기를 하는지 들어 보았습니다. 들어 보니 할머니는 '장군'이라고 부르는 귀신을 모시고 있었습니다. 할머니는 '장군님, 장군님'하면서 누군가와 마주 보고 이야기를 하듯 주거니 받거니 대화를 했습니다. 그날 저녁 어머니와 나는 그 장군 귀신을 상대로 축사를 시작했습니다.

"나사렛 예수 그리스도 이름으로 명하노니 할머니 안에 들어 있는 귀신아 떠나가라!"라고 계속 명령을 했습니다. 그러자 귀신이 서서히 반응하기 시작했습니다.

할머니를 처음 보았을 때에는 자기 가슴 쪽으로 고개를 약간 숙이며 장군 귀신과 이야기를 했습니다. 할머니 속에 들어 있는 장군 귀신과 대화하는 것이었습니다. 그런데 몇 시간 동안 대적하자, 할머니의 행동이 점차 바뀌었습니다. 가슴 쪽이 아니라 천장 쪽을 바라보며 할머니가 장군 귀신과 이야기하는 것이었습니다. 할머니는 자신의 입을 통해 귀신과 대화하였기 때문에 대화 내용을 우리가 다 들을 수 있었습니다. 그런데 우리가 대적을 계속하자 쫓겨난 장군 귀신이 할머니 입을 통해 이렇게 말하는 것이었습니다.

"만약 이 상태로 내가 쫓겨나간다면 너희 자식들을 내가 그냥 두지 않겠다! 네 자식들을 다 망가뜨릴 것이다!"

그러자 할머니는 머리를 조아리며 두 손으로 빌면서 "잘못했습니다. 내가 잘 모시겠습니다. 내가 잘 모시겠습니다"라고 반복하셨습니다. 대적했지만 이 상태는 반복되었고 결국 밤이 너무 깊어 사역을 멈추게 되었습니다. 그런데 다음날 보니, 그 장군 귀신이 다시 할머니 속으로 들어가 있었습니다. 우리는 또 다시 대적 했습니다. 그때 갑자기 우리를 때리려고 할머니가 주먹을 쳐 들었습니다. 순간적으로 일어난 일이었습니다. 이때 장군 귀신이 안 된다며 할머니의 행동을 제지시켰습니다.

"네가 이 사람들을 때리면 우리가 위에 있는 분한테 큰 벌을 받아!"라고 말입니다.

예수님의 이름으로 대적하며 장군 귀신을 쫓아내면 할머니는 다시 모셔 드리는 것을 반복했습니다. 결국 할머니의 상황은 호전되지 않았고 그 상태로 가족에게 다시 인계시켜 드렸습니다.

실패와 함께 가졌던 감정들

이 사역의 실패는 나에게 낙심과 함께 축사사역에 대한 회의를 느끼게 만들었습니다. 실패의 원인을 찾기 위해 축사에 관한 여러 책을 읽기도 했으나 결국 축사 사역에 대해 스스로 거부감을 많이 가지게 되었습니다. 무엇보다도 축사사역은 사람을 너무나 지치게 하며 힘들게 했습니다. 예수님은 단 한 번의 명령으로 귀신들을 제압했지만 우리가 사역할 시에는 짧으면 몇 시간, 어떤 때는 며칠 동안 귀신과 씨름해야 비로소 떠나가는 경우가 많기 때문입니다. 축사사역은 마치 진흙탕에 들어가 씨름을 하는 것 같았습니다. 그런 와중에 축사가 실패되었고 낙심과 함께 축사 사역에 일정한 거리를 두게 된 것입니다.

또 다른 이유 하나는 당시 신학교를 다니던 시절에는 제자훈련과 내적치유사역이 한창 붐을 이루며 성장하고 있었던 시기였습니다. 오히려 이 사역이 눈에 더 들어왔던 것입니다. 그리하여 낙담을 안겨준 축사 사역을 뒤로 한 채 새로운 사역에 관심을 갖게 되었습니다.

2장

더 깊은
영적 세계로의 진전

1. 축사사역에서 대적사역으로

축사의 실패로 인한 낙심과 그 이후

2000년 경에 한국 교회에서 유행처럼 번지는 사역이 있었는데 '내적치유사역'과 '제자훈련사역'이었습니다. 특히 내적치유와 가정사역에 관심이 있었던 나는 이것을 중점적으로 공부했습니다. 시간이 흘러 교회를 개척하면서 자연스레 치유사역도 함께 병행하게 되었습니다. 상처와 문제 때문에 많은 그리스도인의 신앙이 제대로 성장하지 못하는 것을 보았기 때문입니다. 일차적으로 우리 교회 성도부터라도 이러한 상처와 아픔들을 치유하고 회복하길 원했습니다. 또한 이것이 전도의 유용한 도구가 되길 바랐습니다.

세미나에서 다루는 것들

교회 개척과 함께 계속적으로 치유세미나[5]를 진행하게 되었는데 세미나에서 다루었던 내용들은 대략 다음과 같은 내용이었습니다.

쓴뿌리의 치유

"너희는 하나님의 은혜에 이르지 못하는 자가 없도록 하고 또 쓴 뿌리가 나서 괴롭게 하여 많은 사람이 이로 말미암아 더럽게 되지 않게 하며" (히 12:15, 개정)

이 성경 말씀처럼 우선 피상담자의 내면의 쓴뿌리가 무엇인지 찾아냅니다. 자신을 괴롭게 하며 또한 이로 인해 타인에게까지 부정적인 영향을 미치는 쓴뿌리들이 무엇인지를 찾아내 치유하고 회복합니다. 보통 이 부분에서는 열등감의 문제, 수치심, 무가치함, 애정결핍, 분노, 완벽주의 등과 같은 문제들을 찾아내 치유하는 시간을 갖습니다.

---

[5] 여러 형태의 훈련들을 거치면서 대중을 상대로 한 사역보다 소수 인원을 대상으로 한 사역이 더 효과적이라는 것을 깨닫고 1~3명을 팀으로 하여 '상담치유세미나'를 시작하게 되었습니다.

상한 심령의 치유

"소돔과 고모라 성을 멸망하기로 정하여 재가 되게 하사 후세에 경건하지 아니할 자들에게 본을 삼으셨으며 무법한 자들의 음란한 행실로 말미암아 고통당하는 의로운 롯을 건지셨으니 (이는 이 의인이 그들 중에 거하여 날마다 저 불법한 행실을 보고 들음으로 그 의로운 심령이 상함이라)" (벧후 2:6-8, 개정)

　　내면의 쓴뿌리를 제거하는 사역과 병행하여 상한 심령에 대한 치유도 진행합니다. 롯이 소돔성에 거하면서 그 성 사람들의 불법한 행실을 보고 들음으로 그 심령이 상했던 것처럼 우리의 삶 가운데 심령을 상하게 했던 요인들을 찾아내 치유하고 회복합니다. 예컨대 가정 내의 불화, 갈등, 성장의 상처들로 인해 일어났던 문제들과 학교, 직장, 교회, 정부, 미디어 등으로 인해 발생되었던 내면의 상처 문제들을 주로 다루게 됩니다.

왜곡된 가치관과 정체성에 대한 치유

"너희를 내 백성으로 삼고 나는 너희의 하나님이 되리니 나는 애굽 사람의 무거운 짐 밑에서 너희를 빼낸 너희의 하나님 여호와인 줄 너희가 알지라 내가 아브라함과 이삭과 야곱에게 주기로 맹세한 땅으로 너희를 인도하고 그 땅을 너희에게 주어 기업을 삼게 하리라 나는 여호와라 하셨다 하라 모세가 이와 같이 이스라엘 자손에게 전하나 그들이 마음의 상함과 가혹한 노역으로 말미암아 모세의 말을 듣지 아니하였더라"

(출 6:7-9, 개정)

또한 이스라엘 백성들이 외적인 고통과 어려움으로 인해 하나님의 말씀조차 듣지 않는 '왜곡된 신앙'을 가졌던 것처럼 우리 안에 있는 왜곡된 신앙의 가치관이나 잘못된 정체성을 찾아 치유하며 회복하는 시간을 갖습니다.

하나님과의 관계를 단절시키는 죄 문제의 해결

"하나님을 두려워하는 너희들아 다 와서 들으라 하나님이 나의 영혼을 위하여 행하신 일을 내가 선포하리로다 내가 나의 입으로 그에게 부르짖으며 나의 혀로 높이 찬송하였도다 내가 나의 마음에 죄악을 품었더라면 주께서 듣지 아니하시리라 그러나 하나님이 실로 들으셨음이여 내 기도 소리에 귀를 기울이셨도다 하나님을 찬송하리로다 그가 내 기도를 물리치지 아니하시고 그의 인자하심을 내게서 거두지도 아니하셨도다"

(시 66:16-20, 개정)

마지막으로 죄로 인해 하나님과 단절된 부분이 어디인지를 찾아내고 해결하는 시간을 갖습니다. 회복과 함께 성령님을 초청합니다.

이러한 주제들로 대략 10-12주 정도 치유세미나를 진행합니다. 이렇게 세미나를 진행하면서 많은 사람들이 회복되는 것을 보게 되었습니다. 소수의 인원을 대상으로 한 개인별 맞춤 치유사역이다 보니 효과가 더욱 좋았던 것 같습니다. 좋은 열매들이 맺혀지니 자신감도 생겼습니다.

어떤 선배 목사님이 이런 말씀을 해 주신 적이 있습니다.

"목사의 기쁨은 내가 잘 되는 것보다 성도들이 잘되고 변화되는 것을 보는 것이다"

세미나를 통해 변화되고 성장하는 성도들을 보면서 이 말이 무슨 의미인지를 알 수 있었습니다. 그러나 치유세미나를 진행해 나가다가 큰 암초를 만나게 되었습니다. 세미나의 한계를 만난 것입니다. 그러나 오히려 이것이 더 깊은 영적 세계로 이끄는 도화선이 되었습니다.

세미나를 통해 치유 받고 회복된 한 사람의 소개로 '세 자매'를 만나게 되었습니다. 막내에게 문제가 있어 만나게 되었는데 함께 치유사역을 하는 것이 좋겠다는 나의 권유로 세 자매 모두 세미나에 참석하게 되었습니다. 막내는 가정 내의 깊은 상처와 이와 맞물린 환경적인 요인, 복합적인 문제로 정신과에서 치료를 받고 있던 상황이었습니다. 비슷한 환경에 있었던 사람들이 세미나를 통해 이미 치유되고 회복되었던 사례가 있었기에 막내 자매에게 희망의 메시지를 주었습니다.

앞에서 언급했던 세미나 주제를 중심으로 치유사역을 진행해 나갔습니다. 초기에는 효과가 나타나는 듯 보였습니다. 그런데 세미나를 진행해 가는데 막내에게서 이렇다 할 진전의 기미가 보이지 않는 것이었습니다. 세미나의 마무리 단계의 시점에서도 눈에 띨만한 변화가 보이지 않는 것이었습니다. 사실 나는 이걸 보며 한계에 부딪치고 있었습니다. 배가 암초에 부딪혀 더 이상 앞으로 나가지 못하는 것처럼 말입니다.

이럴 즈음 같은 지방회[6] 목사님으로부터 '목회자를 위한 영적사역세미나'에 대해 소개를 받게 되었습니다. 처음에는 참석 여부를 두고 갈등했습니다. 갈등의 이유는 세미나의 주 강사님이 장로교 목사님이셨기 때문입니다. 지극히 보수적이며 전통적인 장로교에서 신앙생활을 시작했던 나는 장로교는 다소 영적인 것과는 거리가 있다는 선입견을 가지고 있었기 때문입니다. 그런데 어떠한 강한 이끌림이 있었습니다. 지금 생각해 보니 성령님의 강권적인 인도하심이었다고 생각합니다. 2박 3일로 진행된 세미나에 전국 각지의 목사님들과 사모들이 참석했습니다. 장로교에 대한 선입견 때문에 별 기대를 하지 않고 참석했으나 이 강사

---

[6] 장로교단에서는 '노회'라고 부릅니다.

목사님에게 놀라운 영적인 은사가 있는 것을 보게 되었습니다. 특별히 세미나가 진행되면서 강조하신 말씀 중 두 가지가 강하게 각인되었습니다.

첫 번째로는 "우리 문제 안에 악한 영(귀신)들이 숨어 있을 수 있다"라는 말씀이었고, 또 하나는 "우리 믿는 자들에게는 영적인 무기가 주어져 있다"는 말씀이었습니다.

이 두 가지 말씀이 마음에 심겨지게 되었습니다. 섬광처럼 '세 자매의 막내에게 진전이 없는 것이 혹시 그 안에 숨어 있는 악한 영 때문인가?'라는 생각이 떠올랐습니다. 밑져야 본전이라는 생각으로 '이번 세미나에 적용해 보자'는 마음을 먹었습니다.

더 깊은 영적 세계로의 진전

일 주일 후 세 자매를 교회에서 다시 만났습니다. 막내 자매에게 영적인 대적기도 사역을 해도 괜찮은지에 대해 양해를 구했습니다. 허락을 받고 사역을 시작하긴 했으나 어떤 결과가 나올지 전혀 예상하지 못했습니다. 드러난 귀신을 쫓은 경험은 많지만, 숨어 있는 귀신을 드러내서 쫓아낸 적은 없었기 때문입니다.

본격적인 사역에 앞서 준비찬송을 하며 하나님의 도움의 손길을 구하는 기도를 올렸습니다. 그리고 의자에 앉아 있는 막내 자매에게 다가가 머리에 안수하며 성령님의 임재를 구했습니다. 예수님의 보혈로 덮고 보호를 요청하며 대적기도를 시작했습니다.

"나사렛 예수 그리스도 이름으로 명하노니 자매의 문제에 숨어 있는 악한 영아! 너의 정체를 기침하며 드러낼지어다"[7]

이렇게 10분 정도 대적을 했음에도 아무런 증상이나 현상이 나타나지 않았습니다. 살짝 당황했습니다.

'그만해야 하나? 이게 정말 귀신의 문제일까?'

그러자 중보기도를 해주며 옆에서 사역을 돕고 있던 아내가 좀 더 진행해 보자며 권했습니다. 아내에게는 남다른 영적 분별력이 있습니다. 다시 대적기도를 하는데 얼마 있지 않아 막내 자매가 몸을 가누지 못할 정도로 심하게 기침을 하는 것이었습니다.[8] 그러나 일반적인 기침일 수 있기 때문에 여러 차례 확인을 했습니다. 그때마다 기침이 나왔습니다. 막내 자매에게 역사하는 귀신의 존재를 재차 확인한 후 이렇게 말해 주었습니다.

---

7) 귀신을 불러내면서 기침을 요구하는 이유는 귀신이 보이지 않기 때문입니다. 귀신은 눈에 보이는 존재가 아니므로 그 존재 여부를 알 수 있는 방법 중에 하나가 귀신에게 기침을 요구하는 방법입니다. 그러나 기침이 일반적인 기침일 수도 있기 때문에 기침을 하게 되면 그것이 귀신에 의한 것인지 아니면 일반적인 기침인지를 재차 확인해야 합니다.

8) 만약 그 사람에게 귀신이 숨어 있다면 경우에 따라 손이나 다리의 떨림의 증상이 있을 수 있습니다. 또는 심한 두통이 있을 수 있으며, 몸을 가누지 못하거나, 마비 같은 증상이 나타나는 경우도 있습니다. 또한 갑작스러운 두려움, 불안감 간혹 추위를 느끼기도 합니다. 또 그 사람 안에서 자신과 다른 어떤 영적 존재의 움직임을 느끼기도 합니다. 숨어 있던 악한 영이 드러날 때는 최종적으로 기침을 통해 확인하지만 이미 드러나기 전부터 귀신은 자신의 존재에 대한 전조 증상을 나타냅니다. 물론 아무런 전조 증상 없이 기침으로만 자신의 존재를 나타내기도 합니다.

"이제 내가 기침을 한 악한 영에게 자매님의 입을 빌려 줄 것입니다. 만약 귀신이 자매님의 입을 통해 말을 하기 시작하면 입술이 저절로 움직일 것입니다. 그때 막지 마십시오. 그러면 말이 저절로 나올 것입니다."

내가 이렇게 하는 이유는 귀신들은 '말을 할 수 있는 영물'이기 때문입니다. 귀신이 예수님께 말을 하는 장면이 마가복음 5장에 기록되어 있습니다.

> "큰 소리로 부르짖어 이르되 지극히 높으신 하나님의 아들 예수여 나와 당신이 무슨 상관이 있나이까 원하건대 하나님 앞에 맹세하고 나를 괴롭히지 마옵소서 하니" (막 5:7, 개정)

귀신이 귀신들린 사람의 입술을 통해 직접 말을 한 것입니다. 또한 그 동안의 축사사역의 경험을 통해 귀신이 말할 수 있다는 것을 이미 알고 있었습니다.

그러나 모든 귀신이 말을 다 할 수 있는 것은 아닙니다. 경험상 대략 귀신 10마리 중 2-3 마리 정도는 말을 하지 못합니다.

사역할 때에 이런 경험이 있었습니다.

"나사렛 예수 이름으로 명하노니 너의 이름이 무엇이냐! 말할지어다!" 라고 명령했는데 한참 동안 아무 말도 하지 않는 것이었습니다. 귀신이 기침을 하며 자신의 정체를 드러낼 경우 예수 그리스도 이름으로 명령을 하면 통상의 경우 길어도 몇 분 안에 말을 합니다. 그런데 10분이 지나도록 아무 말도 하지 않는 것이었습니다. 혹시 해서 "이 더러운 귀신아 너는 말할 줄 모르냐?!" 했더니 귀신이 '끄덕 끄덕'하는 것이었습니다. 귀신이 말을 할 줄 모르니 명령에 대답할 수 없었던 것입니다. 그 이후부터는 귀신이 드러났을 때 말을 할 수 있는지의 여부를 꼭 확인합니다.

내가 막내 자매에게 역사하고 있는 귀신에게 물었습니다.
"너의 이름이 무엇이냐?!"
"…"
"다시 예수 그리스도 이름으로 명령한다. 너의 이름이 무엇이냐?!!"
"… 자살의 영!"
"네가 대장이냐?"
"아니"[9]
"그럼 내가 다시 그 안에 있는 대장에게 명령한다. 나사렛 예수 그리스도 이름으로 명하노니 너의 이름이 무엇이냐!"
"… … 죽음의 영!"[10]

---

9) 귀신의 특징 중 하나는 반말을 한다는 것입니다. 버르장머리가 없습니다. 그러나 사실 나이로 따지면 귀신의 나이가 우리보다 훨씬 많기는 합니다. 왜냐하면 귀신들과 사탄의 우두머리인 루시퍼는 하나님께서 창조사역을 시작하기 전부터 존재했기 때문입니다. 그래서 귀신이 반말을 하는지 모르겠습니다(?). 그러나 예수님은 온 우주의 권능자이기 때문에 예수님 앞에서는 어떤 귀신도 절대 반말을 못합니다.
10) 어떤 경우는 사람의 이름을 정확하게 말하는 귀신도 있습니다. "나는 김○○이다"라는 식으로 말입니다. 이럴 때 우리는 미혹되기 쉽습니다. 귀신이 사람의 이름을 말한다고 해서 그 귀신이 죽은 자의 혼령은 아닙니다. 귀신이 죽은 자의 이름을 사용해 미혹을 하는 것입니다. 이 부분은 제2권 책 악령의 세계에서 더 자세히 다룰 것입니다.

이 자살과 죽음의 영의 존재를 통해 우리는 왜 막내 자매가 수차례 자살을 시도하게 되었는지에 대해 알게 되었습니다.

그래서 이렇게 다시 물었습니다.

"너희들이 이 자매에게 자살을 시도하도록 만들었냐?"

"... 그래"

이 자매는 수차례 칼로 손목을 그어 자살을 시도했었습니다.[11]

결국 계속적인 취조[12] 끝에 자매 안에 다섯 마리의 귀신이 있는 것과, 그들이 언제 어떻게 들어오게 되었는지 등에 관한 정보들을 알게 되었습니다.

우리에게 주어진 영적 무기

필요한 정보를 취한 뒤 귀신들을 쫓아내야 할 시점이 되었습니다. 그러나 나는 예전부터 이 부분에 대한 심적 부담감이 있었습니다. 세력이 약한 귀신은 그나마 괜찮은데 강한 귀신의 경우에는 쫓아 내는데 어떤 때는 몇 시간, 며칠이 걸리기도 하기 때문입니다. 그런데 '목회자 영

---

11) 여기서 잠깐! 영적 세계의 질서를 배워 봅시다. 악한 영(귀신)이 직접 사람을 죽이는 것이 아니며 이들에게는 그럴 권세가 없습니다. 다만 악한 영들은 환경을 조성하여 사람으로 하여금 죽음을 '선택'하도록 유도해 나가는 것입니다.

12) 취조 : '범죄 사실을 밝히기 위하여 속속들이 조사하는 것' - 귀신의 정체가 드러나면 그 귀신을 상대로 여러 가지 정보를 캐냅니다. 귀신의 이름, 어떤 일을 했는지, 언제 들어왔는지, 그 안에 다른 귀신들이 더 있는지, 그 사람 가족 중에도 귀신들이 들어 있지는 않는지, 그 집 안에 머무는 귀신은 없는지 등등을 조사합니다.

적사역세미나를 통해 깨달았던 것 중 하나가 바로 우리에게 강력한 '영적인 무기'가 있다는 것입니다. 사도 바울은 에베소서 6장에서 전신갑주에 대해 이렇게 설명합니다.

"그런즉 서서 진리로 너희 허리띠를 띠고 의의 호심경을 붙이고 평안의 복음이 준비한 것으로 신을 신고 모든 것 위에 믿음의 방패를 가지고 이로써 능히 악한 자의 모든 불화살을 소멸하고 구원의 투구와 성령의 검 곧 하나님의 말씀을 가지라"(엡 6:14-17, 개정)

사도 바울이 묘사한 전신갑주를 면밀히 살펴보면 방어용 무기와 공격용 무기로 나누어집니다. 허리 띠, 호심경, 신, 방패, 투구는 방어용 무기입니다. 그런데 '성령의 검'만은 공격용 무기입니다. 그동안 이 본문에 관한 말씀을 수없이 읽고 들었던 터라 익히 알고는 있었습니다. 지식의 차원으로 이러한 것들을 알고 있었던 것입니다. 그런데 이제 다시 실제 귀신 앞에 서게 되었습니다. 잠깐 갈등이 일어났습니다.

'성경에서는 공격용 무기로 성령의 검을 말씀하고 있는데, 내가 이걸 귀신에게 사용해도 되는 것일까? 만약 내가 성령의 검으로 귀신을 공격했는데, 귀신이 아무런 반응을 하지 않으면 어떡하지? 몇 시간이 걸려도 그냥 예수 이름으로만 공격할까?'

그러나 귀신과 몇 시간을 싸울 생각하니 마음이 답답해지는 것이었습니다.

그래서 '밑져야 본전이다' 생각하고 성령의 검을 휘둘렀습니다.
"내가 이 시간 성령의 검으로 너를 친다."
"악~"
순간 귀신이 고통스러운 반응을 보이는 것이었습니다. 나는 솔직히 속으로 너무나 깜짝 놀랐습니다. '어 진짜 되네?' 그래서 다시 성령의 검으로 내리쳤습니다. 그때마다 귀신은 고통스러워했습니다.

이후부터 귀신의 정체가 드러나면 바로 쫓아내지 않습니다. 먼저 취조하며 정보를 취합니다. 그리고 "너 좋은 말할 때 나갈래 안나갈래?"라고 묻습니다. 그러면 귀신 중에 백이면 백 안 나간다고 합니다. 그럼 그때부터 "네가 언제까지 버티나 보자"하면서 성령의 검으로 공격합니다. 또 다른 강력한 영적 무기인 예수 피[13]로 공격합니다. 예수 그리스도의 권세와 주어진 무기로 수십 차례 공격을 하면 어떤 강한 귀신도 버터내지를 못합니다. 어떤 경우에는 귀신이 너무 견디지 못하고 '살려 주세요'라며 존댓말을 쓰는 경우도 있었고, 두 손을 싹싹 비비며 제발 고통스럽게 하지 말라고 애원하는 귀신들도 있었습니다. 이럴 때 "너

---

13) 예수님의 피를 '보혈'로 부릅니다. 보혈은 우리를 보호하는 역할을 합니다. 우리에게는 보호하는 역할을 하지만 귀신에게는 공격용 무기가 됩니다. 그래서 귀신에게 쓸 때는 보혈이란 단어를 사용하지 않고 그냥 '예수 피'라고 부릅니다. 귀신에게 '내가 나사렛 예수 그리스도 이름으로 너에게 예수 피를 뿌린다'라고 하면 귀신은 굉장히 고통스러워합니다. 마치 우리 몸에 염산이나 황산이 뿌려지면 살이 타들어 가듯이 귀신들도 이런 고통을 느낍니다. 예수님의 보혈은 우리를 보호하는 방어용 무기이지만, 귀신에게는 아주 강력한 영적인 공격 무기인 것입니다.

나갈래 아니면 계속 버틸래"라고 하면 그때 귀신은 그제야 순순히 나간다고 합니다. 예수님을 의지하며 우리가 포기하지만 않는다면 영적전쟁에서 반드시 승리하는 법입니다.

이 자매에게 드러난 귀신도 성령의 검으로 공격하자 고통스러워했습니다. 특히 죽음의 영과 자살을 영을 집중적으로 공격했습니다. 그리고 이 자매에게서 떠나갈 준비가 되었는지 물었습니다.

'나가겠다'고 했습니다. 그래서 명령했습니다.

"내가 나사렛 예수 이름으로 명하노니 이 자매 안에 있는 모든 귀신들은 하나로 묶일지어다! 그리고 기침하면서 모든 더러운 귀신들은 이 자매에게서 떠나갈지어다!"

이렇게 명령하자 자매가 기침을 하기 시작했습니다. 귀신의 정체가 드러날 때의 기침은 잔기침인 경우가 많습니다. 반면 귀신이 나갈 때 하는 기침은 굉장히 크고 강합니다. 귀신의 세력이 강하고 많을수록 더 크고 강렬합니다. 어떤 경우에는 귀신이 떠나갈 때 토하게 하는 경우도 있기 때문에 반드시 "토하지 않게 하고 나갈지어다"라는 명령을 덧붙입니다.

보통의 경우 귀신들렸던 사람은 자기 안에 있던 귀신이 떠나가는 것을 압니다. 기침할 때 기관지가 확장되면서 어떠한 것이 쑥하고 빠져나가는 것을 느끼기 때문입니다. 그러나 귀신이 한 마리라도 남아 있을 수 있기 때문에 계속해서 기침을 통해 나가도록 명령합니다. 만약 귀신이 다 나가게 되면, 명령해도 더 이상 기침은 나오지 않게 됩니다. 나는 이 사역을 통해 더 깊은 영적 세계로 나아가는 경험을 하게 되었습니다.

축사사역에서 '대적사역'으로 진전

이전에 축사사역을 할 때에는 귀신을 쫓을 때 때로는 기진맥진할 정도로 오랜 시간이 소요되곤 했습니다. 그런데 영적 무기를 사용하면서 귀신이 단숨에 제압되자 가장 놀랐던 것은 바로 나였습니다. 하지만 이런 경험을 하면서 '그렇다면 과연 숨은 귀신을 드러내고 취조하고 영적 무기로 쫓는 이 사역이 성경에 존재하는가'라는 의문을 품게 되었습니다. 성경을 찾고 여러 책을 보았지만 이런 사역을 뒷받침해 줄만한 근거를 찾지 못했습니다. 그즈음 하나님께서 레마의 말씀을 주셨습니다.

> "믿는 자들에게는 이런 표적이 따르리니 곧 그들이 내 이름으로 귀신을 쫓아내며 새 방언을 말하며 뱀을 집어 올리며 무슨 독을 마실지라도 해를 받지 아니하며 병든 사람에게 손을 얹은즉 나으리라 하시더라"(막 16:17-18, 개정)

사실 나는 이 말씀을 이미 수십 차례나 읽고 암기까지 하고 있는 상태였습니다. 그런데 하나님이 이 말씀을 레마로 주신 것입니다.

"너의 사역이 바로 '뱀을 집어 올리는 사역'이다"라고 말입니다.

나는 이전까지 이 뱀을 집어 올리는 것이 무엇인지 몰랐습니다. 여러 주석 책을 찾아보았지만, 시원한 해답을 얻지 못했습니다. 아예 이 부분에 대한 주석이 없는 경우가 많았고, 있다하더라도 수박 겉핥기식으로 지나가는 경우가 많았습니다. 그래서 어느 때는 이런 생각도 했습니다.

'믿는 자들이 진짜 뱀을 들어 올리는 것을 말하는가?'

이런 생각을 하게 된 이유는 사도 바울이 '멜리데 섬'에서 겪은 사건 때문이었습니다.

> "우리가 구조된 후에 안즉 그 섬은 멜리데라 하더라 비가 오고 날이 차매 원주민들이 우리에게 특별한 동정을 하여 불을 피워 우리를 다 영접하더라 바울이 나무 한 묶음을 거두어 불에 넣으니 뜨거움으로 말미암아 독사가 나와 그 손을 물고 있는지라 원주민들이 이 짐승이 그 손에 매달려 있음을 보고 서로 말하되 진실로 이 사람은 살인한 자로다 바다에서는 구조를 받았으나 공의가 그를 살지 못하게 함이로다 하더니 바울이 그 짐승을 불에 떨어 버리매 조금도 상함이 없더라 그들은 그가 붓든지 혹은 갑자기 쓰러져 죽을 줄로 기다렸다가 오래 기다려도 그에게 아무 이상이 없음을 보고 돌이켜 생각하여 말하되 그를 신이라 하더라"
>
> (행 28:1-6, 개정)

바울이 했던 것처럼 실제 뱀을 집어 올리는 것인가라는 생각도 잠깐 했지만 이건 믿는 자들을 '땅꾼'으로 만드는 것이기에 생각을 지웠습니다. 그런데 하나님이 내가 하는 사역이 바로 이 '뱀을 집어 올리는 사역'과 연관되어 있다는 것을 레마의 말씀으로 주신 것입니다. 또한 요한계시록 20장 2절 말씀을 통해서 이것을 더 명확하게 해 주셨습니다.

> "용을 잡으니 곧 옛 뱀이요 마귀요 사탄이라 잡아서 천 년 동안 결박하여"(계 20:2, 개정)

이 말씀을 통해 '뱀을 집어 올린다는 것'이 바로 '사탄, 마귀, 귀신을 잡아 올리는 것'이라는 것을 깨닫게 되었습니다. 이와 더불어 '축사사역'과 '대적사역'의 차이점을 발견하게 되었습니다. 대부분의 축사사역은 정체가 드러난 귀신이나 혹은 명확하게 귀신이 일으킨 문제임을 알고 귀신을 쫓아내는 사역입니다. 예수님이 마가복음 16장 17절에서 말하고 있는 '예수 이름으로 귀신을 쫓아내는 사역'이 바로 이것입니다. 반면 대적사역인 '뱀을 집어 올리는 사역'은 숨어 있는 귀신을 집어 올려 취조하며 영적 무기로 대적하여 쫓아내는 사역입니다.

이 '대적 사역'을 하면서 얼마나 많은 사람들이 귀신에게 묶여 있는지를 알게 되었습니다. 사역하면 10명 중 대략 3-4명에게서 귀신의 존재들이 드러났습니다. 귀신의 정체가 드러난 사람들조차 자신에게 귀신들이 숨어 있으리라고는 상상도 못했습니다. 그 이유는 이 분들이 귀신을 전설의 고향의 처녀 귀신이나 엑소시스트 영화의 귀신처럼 알고 있었기 때문입니다. 귀신은 실제로 이러한 모습으로도 자신을 드러낼 수 있으나 대부분의 귀신은 도둑처럼 접근해서 우리의 생각이나 감정, 육체에 숨어 우리에게 역사하는 악한 존재들입니다. 이것은 이 책의 뒷 부분에서 더 상세히 다룰 것입니다.

2. 대적사역을 통해 배우게 된 것들

그 동안의 대적사역을 통해 영적 세계에 관한 지식과 기술을 체득하게 되었는데 중요한 몇 가지에 대해 나누고자 합니다.

대적사역을 시작하기 전에 '반드시' 설명하는 것

사역 시에 치유대상자에게서 귀신의 정체가 드러나면 대부분 당황합니다.

"어떻게 나에게 이런 일이 일어날 수 있지?"

"나에게 얼마나 문제가 많기에 귀신이 들어왔을까?"

경우에 따라 치유대상자 스스로가 상당히 위축되기도 합니다. 따라서 사역 시작 전에 미리 악한 영에 대한 설명을 확실히 한 후 사역을 시작합니다.

"자매님!(권사, 집사나, 형제 등)

우리 눈에는 보이지 않지만, 보이지 않는 영적 세계가 있습니다. 하나는 성령의 세계이고, 또 하나는 악령의 세계입니다. 성령의 세계는 하나님, 예수님, 성령님이신 삼위일체 하나님이 통치합니다. 그러나 악령의 세계는 사탄과 마귀와 귀신들이 지배를 합니다.

그런데 우리 안에는 '흰 개'와 '검은 개'가 살고 있습니다. 혹시 어떤 개가 더 힘이 센 줄 아십니까?

(이러면 살짝 당황하면서 흰 개라고 이야기하는 사람도 있고, 검은 개라고 이야기하는 사람도 있고, 아무 말도 못하는 사람도 있습니다. 이 책을 읽는 여러분들은 우리 안에 흰 개와 검은 개 중 누가 더 힘이 셀 것 같습니까?)

나는 이렇게 설명합니다.

자매님! 우리 안에 있는 흰 개와 검은 개 중에 누가 더 힘이 셉니까? 바로 주인이 먹이를 많이 주는 개가 힘이 셉니다. 주인이 흰 개에게 먹이를 많이 주면 그 흰 개는 검은 개보다 힘이 세집니다. 반면 주인이 검은 개에게 먹이를 많이 주면 검은 개가 강해집니다. 영적인 세계도 마찬가지입니다.

내가 하나님과 함께 하며, 말씀과 기도를 통해 그 분의 뜻에 따라 살아가려고 애 쓴다면, 성령하나님이 우리 안에서 강해지십니다. 그러나 내가 사탄의 세력이 좋아하는 상처나 쓴뿌리, 육체의 소욕들, 죄들을 행하며 품고 산다면, 사탄의 세력은 이런 먹이를 먹으며 강해지게 됩니다. 귀신이 이러한 쓰레기들을 통해 들어와 우리 안에 숨는 것입니다. 그리고 서서히 우리의 생각이나 감정이나 육신들을 지배해 가는 것입니다. 이렇게 귀신들이 쓰레기 속에 숨어 있는 쥐새끼처럼 우리 안에 숨어 있을 수 있는 겁니다. 이렇게 숨어서 마귀의 궤계로 우리를 속이고 괴롭히는 것입니다. 암덩어리가 처음에는 작지만 그냥 두면 커져 사람을 죽이듯이 귀신의 지배도 이렇습니다. 그러므로 이 암덩어리 같은, 쥐새끼 같은 귀신을 쫓아내야 합니다. 그래야 우리가 영적으로 건강해질 수 있기 때문입니다.

이러한 설명을 들은 치유대상자는 귀신을 두려운 존재가 아니라 쫓아내야 할 더러운 쥐새끼, 잘라내야만 할 암덩어리와 같은 존재로 여기게 됩니다.

그리고 사역할 시에 가능하면 귀신이라는 단어는 잘 사용하지 않습니다. 귀신이나 사탄이라는 단어에서 나오는 좋지 않은 뉘앙스 때문에 사탄, 마귀, 귀신을 통칭하는 '악한 영'이라는 단어를 주로 사용합니다. 악한 영이라는 단어의 어감이 귀신이나 사탄보다 거부감이 덜하기 때문입니다. 또한 공개석상에서는 대적사역을 하지 않습니다. 그 이유는 귀신이 드러났을 경우 제 삼자에게는 영적 세계에 대한 놀라움을 주는 효과가 있지만 치유대상자에게는 큰 수치심을 줄 수 있기 때문입니다.

귀신을 쫓아내는 사역을 할 때는 세심한 지혜가 요구됩니다. 악한 영을 쫓아 내는 것도 중요하지만 더 중요한 것은 바로 '사람'이기 때문입니다.

그 사람에게 상처를 주지 않고 심령을 치유하며 하나님과의 단절된 관계를 회복시키는 일이 더 중요하기 때문입니다.

귀신이 드러났을 때 '반드시' 질문하는 두 가지

초창기 대적사역 시에는 귀신의 정체를 드러내 취조하면서 영적 무기로 귀신을 쫓아내는 것에 초점을 맞추었습니다. 신기하기도 했고 재미도 있었기 때문입니다. 그러나 사역을 거듭하면서 이것보다 더 중요한 것이 있음을 깨닫게 되었고 그 후부터 악한 영이 드러나면 반드시 두 가지 질문을 합니다.

첫 번째 질문 : "온 우주에서 가장 강한 분이 누구냐?"

귀신이 드러나면 취조할 때 반드시 이 질문을 합니다.

"이 온 우주에서 가장 강한 분이 누구냐?"

이 질문에 대해 귀신은 절대 말을 하지 않으려고 합니다. 어떤 때는 말을 하다가도 입을 굳게 다물어 버립니다. 얼마나 강하게 다물었는지 확인하기 위해 양해를 구하고 손으로 입을 열어 보려고 했지만 열리지 않았습니다.

다시 재차 영적인 무기로 공격하면서 명령합니다.

"나사렛 예수 그리스도의 이름으로 말하노니 온 우주에서 가장 강한 분이 누구인지 말할지어다!!"

결국 버티다 못해 말합니다.

"… …하나님!"

그 순간 사역을 멈추고 치유대상자에게 이렇게 말합니다.[14]

"자매님! 들으셨죠? 이 온 우주에서 가장 강하신 분은 하나님이십니다. 그 분이 바로 자매님과 함께 하십니다. 두려워하지 마세요! 귀신이 말한 대로 하나님은 가장 강하고 온 우주에서 유일하신 분이십니다."

"이스라엘아 들으라 주 곧 우리 하나님은 유일한 주시라" (막 12:29, 개정)

"또 내가 들으니 허다한 무리의 음성과도 같고 많은 물소리와도 같고 큰 우렛소리와도 같은 소리로 이르되 할렐루야 주 우리 하나님 곧 전능하신 이가 통치하시도다" (계 19:6, 개정)

---

14) 귀신이 입술을 통해 말하는 경우 마치 방언할 때 자신의 혀가 저절로 움직이는 것처럼, 귀신이 말할 때도 그렇습니다. 그때 귀신의 정체가 드러난 사람은 자신의 입을 통해 말하고 있는 귀신의 말을 들을 수 있습니다. 그리고 잠깐 사역을 멈추고 그 치유대상자와 대화도 할 수 있습니다. 물론 아주 강한 귀신이거나 많은 귀신들에 의해 억압되어 있을 경우에는 부분 부분 듣지 못하며 기억이 상실되는 경우도 있습니다.

두 번째 질문 : "이 사람이 하나님에게 어떤 사람이냐?"

또 질문을 합니다.

"이 사람은 하나님에게 어떤 존재냐?" 그러면 악한 영들은 마지못해 둘 중에 하나로 대답을 합니다.

"하나님의 딸(아들)", "하나님이 사랑하시는 사람"

그러면 다시 사역을 멈추고 치유대상자에게 말합니다.

"자매님! 들으셨죠? 귀신이 자매님이 하나님께 어떤 존재라고 했죠?"

"하나님의 딸이요"

"예, 그래요. 이것이 바로 하나님 앞에서 자매님의 정체성이에요. 바로 하나님의 딸입니다!"

이렇게 할 때 치유대상자에게 더 빠른 회복과 더불어 놀라운 변화가 일어나게 됩니다.

이런 기억이 있습니다. 악한 영의 정체가 드러난 권사님에게 똑같은 말씀을 드렸습니다. 그러자 눈에서 눈물이 주르르 흘러 내렸습니다. 그 순간 갑자기 진동이 임했습니다. 나중에 사역이 다 끝난 후 그때 어떤 일이 있었는지를 물었습니다. 권사님이 말씀하셨습니다.

"목사님이 저더러 하나님의 딸이라는 말을 했을 때 그 말이 가슴에 박혔어요. 그 순간 큰 빛이 저를 휘감더니 마치 포대기에 싼 아이를 엄마가 안듯이 하나님이 나를 그렇게 안고 있다는 것이 느껴졌어요."

> "영접하는 자 곧 그 이름을 믿는 자들에게는 하나님의 자녀가 되는 권
> 세를 주셨으니" (요 1:12, 개정)

이러한 두 가지 질문은 치유대상자의 신앙 성장에 굉장히 중요한 밑거름이 되었습니다. 왜냐하면 비록 악한 영을 통해 듣는 것이기는 하지만 하나님께 자신이 어떠한 존재인지 깨닫고 정체성을 바로 세우기 때문입니다.

영적인 전신갑주

또한 사역하면서 새롭게 알게 된 것은 바로 '전신갑주'에 관련된 것입니다.

> "그런즉 서서 진리로 너희 허리띠를 띠고 의의 호심경을 붙이고 평안의
> 복음이 준비한 것으로 신을 신고 모든 것 위에 믿음의 방패를 가지고 이
> 로써 능히 악한 자의 모든 불화살을 소멸하고 구원의 투구와 성령의 검
> 곧 하나님의 말씀을 가지라" (엡 6:14-17, 개정)

많은 신자들이 이 본문의 설교를 여러 번 들었을 것입니다. 나 또한 여러 차례 듣기도 하고 설교도 했습니다. 대부분의 설교는 허리띠가 무엇이며 호심경이 무엇이고 신이 무엇이고 방패가 무엇인지에 대해 설명

합니다. 많은 사람들이 이렇게 이것을 지식적으로 압니다. 그러나 놀라운 것은 영적 세계에서는 이런 지식적인 것은 아무런 힘도 능력도 없다는 것입니다. 왜냐하면 귀신은 지식이 아니라 우리가 '영적으로 전신갑주를 입고 있느냐 없느냐'로 판단하기 때문입니다. 귀신의 눈에 이것이 보이는 것입니다. 영적 존재인 귀신의 눈에 우리가 영적인 전신갑주를 입고 있는지 그렇지 않은지가 다 보인다는 것입니다. 벗고 있다면 투구를 벗고 있는지 신을 벗고 있는지 본다는 것입니다.

   사람의 육신의 눈으로 본다면 누가 영적인 전신갑주를 입고 있는지 없는지 전혀 알 수가 없습니다. 그러나 영의 눈으로 본다면 이것이 보인다는 것입니다. 귀신이 보는 것입니다. 그렇기 때문에 만약 우리가 온전한 전신갑주를 입고 있다면 귀신이 쉽게 공격하지 못하지만, 전신갑주를 입지 않고 있거나 지식으로만 알고 있다면 약점을 파고들어 공격한다는 것입니다. 이것이 영적 세계에서 일어나는 일입니다. 이런 이유로 사도 바울은 '전신갑주가 무엇을 의미하는지 설명할 뿐 아니라, 악한 영들을 상대하기 위해 전신갑주를 입으라'고 한 것입니다.

"사탄의 악한 속임수에 넘어가지 않도록,
하나님의 무기로 완전 무장하시기 바랍니다.
우리의 싸움은 이 땅의 사람들에 대항하여 싸우는 것이 아니라
이 세상의 어두운 세력들과
공중의 권세 잡은 악한 영들에 대항하여 싸우는 것입니다.

하나님의 전신갑주가 필요한 이유가 여기 있습니다.
그것은 악한 날에 쓰러지지 않고 싸움이 끝난 후에도
굳건히 서기 위해서입니다."[15]

(엡 6:11-13, 쉬운)

영적 세계에서 마귀가 우리를 볼 때는, 그 사람이 전신갑주를 입고 있는지 없는지를 분명하게 봅니다. 만약 우리가 영적 전신갑주로 무장하고 있다면 제대로 공격할 수 없으며 쉽게 접근할 수도 없습니다. 마귀는 영적 전신갑주를 입고 무장한 사람을 이길 수 없기 때문입니다! 또한 사역을 하면서 깨달은 것은 귀신이 전신갑주를 입은 사람과 그렇지 않은 사람을 대하는 태도가 확연히 다르다는 것입니다. 전신갑주를 입은 사람의 말은 권세가 있어 두려워하며 복종합니다. 그러나 그렇지 않은 사람의 말은 두려워하지 않으며 오히려 때로는 무시하기도 합니다.

반드시 기억하시기 바랍니다. 군대가 강한 이유는 무기를 가졌을 뿐만 아니라 훈련되어 있기 때문입니다. 우리가 하나님의 군대로서 전신

---

15) "마귀의 간계를 능히 대적하기 위하여 하나님의 전신 갑주를 입으라 우리의 씨름은 혈과 육을 상대하는 것이 아니요 통치자들과 권세들과 이 어둠의 세상 주관자들과 하늘에 있는 악의 영들을 상대함이라 그러므로 하나님의 전신 갑주를 취하라 이는 악한 날에 너희가 능히 대적하고 모든 일을 행한 후에 서기 위함이라"(엡 6:11-13, 개정)

Part 1 살아오면서 경험했던 영적 세계 이야기

갑주를 입고 무장되어 있다면 악한 영들은 절대 우리를 무너뜨릴 수 없습니다. 왜냐하면 예수 그리스도의 권능이 우리를 통해 흘러나오기 때문입니다. 하나님은 이런 사탄의 세력을 무력화시킬 수 있는 '하나님의 군대'를 찾으시고 세우십니다.

끝으로 이번 장을 마무리하면서 '효과적인 대적사역 가이드'에 대해 말씀드리겠습니다.

3. 효과적인 대적사역 가이드

대적사역을 하기 전에 먼저
'내적치유'를 하는 것이 좋습니다.
  보통 귀신은 우리의 감정, 지정의(지성,감정,의지), 육신 혹은 죄성 뒤에 숨어 활동합니다. 생각을 통로로 하여 죄성을 일으킬 때도 그 생각이 마치 내 생각처럼 느끼게 합니다. 감정적인 문제를 일으킬 때에도 내 성격, 내 기질의 문제처럼 느끼게 합니다. 반복적인 죄를 유도할 때도 귀신은 절대 자신의 정체를 드러내지 않습니다. 귀신은 상처나 쓴뿌리, 죄성의 문제들, 우상숭배나 이단을 타고 들어와 우리 안에 똬리를 틉니다. 그러므로 귀신이 들어오게 된 통로를 제거하고 회개하지 않는다면 우리가 대적할지라도 이 문제들 안에 숨어 오랫동안 버틸 수 있습니다.

왜냐하면 근본적인 원인들이 해결되지 않는다면 악한 영들은 그 안에 숨어 버틸 수 있는 권리가 있기 때문입니다. 물론 예수 그리스도 이름에는 놀라운 권세가 있으므로 계속 대적할 때 악한 영이 있다면 반드시 드러날 것입니다. 그러나 악한 영은 내면의 쓰레기를 붙잡고 며칠을 버틸 수도 있습니다. 이렇게 된다면 사역자나 치유대상자 모두 지치고 힘들게 됩니다.

그러므로 대적사역의 좋은 결과를 위해 미리 '내적치유사역'을 통해 내면의 문제나 죄의 문제를 먼저 해결하는 것이 좋습니다.

그러나 한 가지 유의할 점은 그 사람에게 상처와 쓴뿌리 또는 죄의 문제가 있다 할지라도 그 곳에 100퍼센트 귀신이 존재하는 것은 아니라는 것입니다. 또 분명히 귀신이 숨어 있음에도 드러나지 않는 경우가 있습니다.

이런 경우입니다.

하나는 먼저 내적치유사역을 하지 않음으로 귀신이 그 사람의 문제에 꼭꼭 숨어 자신의 정체를 드러내지 않는 경우입니다. 시간이 없어 내적치유사역을 하지 않은 상태로 대적사역을 했을 때 귀신이 있어도 드러나지 않는 경우를 종종 경험했습니다.

또 다른 하나는 분명히 귀신이 침투할 수 있는 좋아하는 문제들을 가졌을지라도 그 사람이 신앙생활과 기도생활을 충실히 함으로 귀신이 침투하지 못하는 경우도 있습니다. 사역을 하다 이 사람에게는 분명히 숨어 있을 거라고 확신했고 사역을 했지만 귀신이 드러나지 않았습니다. 알고 보니 그 사람은 기도하는 사람이었습니다. 귀신은 기도와 예배를 극단적으로 싫어하기 때문입니다.[16]

'취조'를 통해 정보를 알아내면
더 효과적인 사역을 할 수 있습니다.

귀신이 드러나면 그 귀신을 통해 많은 정보를 얻을 수 있습니다. 취조를 통해 귀신이 그 사람 안에서 그 동안 어떠한 문제를 야기했는지를 알 수 있습니다. 예를 들어 질병이 있는 사람이라면 그 질병이 귀신으로부터 비롯된 것인지를 알아 낼 수 있습니다. 귀신이 한 것이라면 '자신이 했다'고 말합니다. 이런 경우는 귀신이 떠나감과 동시에 치유와 회복이 빠르게 진행됩니다. 그러나 귀신이 오랫동안 머물면서 질병을 준 것이라면 떠난 다음에도 그 흔적이 남아 병원이나 신유 사역자의 도움을 받아야 할 경우도 있습니다. 또 어떤 경우에는 귀신이 자기가 질병을 주지 않았다고 말하기도 합니다. 그럴 경우에는 그 문제가 나로부터 기인되었는지 찾아보아야 합니다. 그러나 많은 경우 자신의 문제와 악한 영의 공격에 의해 질병이 발생합니다. 특별히 질병의 원인을 찾지 못

---

16) 귀신이 드러났을 때 이렇게 물은 적이 있습니다. "너희들이 가장 약해지는 때가 언제냐"고 말입니다. 그러자 귀신이 말했습니다. "예배드릴 때, 기도할 때." 예배와 기도는 귀신의 세력을 무력하게 만들 수 있는 또 다른 영적 무기입니다. 주기적으로 가정 예배를 드리며 기도할 때 귀신은 이것을 두려워합니다.

하는 경우 대부분 악한 영에 의한 경우가 많습니다.

충남 보령에 사시는 여자 집사님을 치유한 적이 있었습니다. 10마리가 넘는 악한 영들의 정체가 드러났는데 그중 강한 귀신 4마리가 심장에 집을 짓고 있었습니다. 사역을 통해 다 쫓아냈습니다. 사역이 끝나자 집사님이 이런 말을 했습니다.
"그렇지 않아도 작년에 길을 가다 심장 문제로 갑자기 쓰러졌어요. 병원에서 CT(씨티) 촬영을 했는데 아무런 문제가 없다고 했어요. 그런데 오늘 사역을 하면서 왜 심장에서 문제가 일어났는지 정확히 알게 되었어요"
그래서 이렇게 말씀 드렸습니다.
"집사님! 다시는 심장에 문제가 일어나지 않을 것입니다. 걱정하지 마세요" 지금 몇 년이 지났지만 건강하게 사시며 신앙도 날로 성장하고 있습니다.

취조를 통해 우리는 많은 정보를 얻을 수 있습니다. 적장을 잡아 취조하면 적군의 상태를 쉽게 파악하는 것처럼 말입니다. 단, 반드시 명심해야 할 것은 만약 본인에게 영적인 권위와 영적 지식이 없다면 이 취조 사역은 자제하는 것이 좋습니다. 귀신은 본질상 더러운 거짓의 영입니다. 틈만 나면 거짓말을 하려고 합니다. 사역 초창기에 나도 몇 번 속은 적이 있었습니다. 영적 권위와 분별력이 없다면 귀신에게 속게 되는 것입니다. 그래서 나는 귀신이 드러나면 사역을 시작하면서 반드시 이렇게 명령합니다.

"내가 나사렛 예수 그리스도 이름으로 명하노니 이 귀신아! 네가 만약 거짓말을 한다면 혀가 꼬부라져 말이 나오지 못할지어다!"라고 명령합니다. 그러면 귀신이 거짓말을 하려고 할 때 말문이 막혀 나오지 않습니다. 그러나 영적인 권위가 없다면 오히려 귀신이 비웃고 무시할 수도 있습니다. 그러므로 이 사역을 하기 전에 먼저 하나님 앞에 순복하는 삶을 살아야 합니다. 왜냐하면 하나님께 순복하는 삶을 살아 갈 때 비로소 영적인 권위가 생기기 때문입니다. 그리고 귀신이 바로 이 권세에 복종하는 것입니다.

"그런즉 너희는 하나님께 순복할지어다 마귀를 대적하라 그리하면 너희를 피하리라" (약 4:7, 개역)

대적사역이 끝난 후에는 기도를 통해
'성령님을 초청'하십시오.

대적사역을 마친 후에 반드시 해야 할 것은 성령님의 임재를 구하는 것입니다. 보통 악한 영이 우리 안에 있다면 성령님이 거하시는 영의 통로를 막아 버립니다. 사람으로 하여금 죄를 짓게 하며 육체의 소욕을 구하고 타락하게 함으로써 성령의 역사를 막는 것입니다. 이것이 귀신이 우리를 공격하는 목적이기도 합니다.

> "육체의 소욕은 성령을 거스르고 성령은 육체를 거스르나니 이 둘이 서로 대적함으로 너희가 원하는 것을 하지 못하게 하려 함이니라 육체의 일은 분명하니 곧 음행과 더러운 것과 호색과 우상 숭배와 주술과 원수 맺는 것과 분쟁과 시기와 분냄과 당 짓는 것과 분열함과 이단과 투기와 술 취함과 방탕함과 또 그와 같은 것들이라 (갈 5:17-21, 개정)

우리는 상처의 쓴뿌리와 문제들을 치유하고 죄를 회개하며 귀신을 쫓아냄으로써 다시 성령님이 역사할 수 있는 공간을 마련하게 됩니다. 이 때 반드시 성령님을 초청하는 사역을 해야 합니다. 그대로 둔다면 귀신이 다시 일곱 귀신을 데리고 들어와 주인행세를 할 수 있기 때문입니다.[17] 이렇게 성령님의 임재를 구하는 기도를 할 때 어떤 사람에게는 방언이 임하기도 하고, 어떤 사람에게는 성령의 은사가 임하기도 하며 어떤 사람은 부드럽고 따뜻한 성령의 임재를 경험하기도 합니다. 아무런 반응이 없는 사람도 있을 수 있습니다. 기도한 모든 사람들에게 성령의 역사가 일어나는 것은 아니기 때문입니다.

---

17) "더러운 귀신이 사람에게서 나갔을 때에 물 없는 곳으로 다니며 쉬기를 구하되 얻지 못하고 이에 이르되 내가 나온 내 집으로 돌아가리라 하고 가서 보니 그 집이 청소되고 수리되었거늘 이에 가서 저보다 더 악한 귀신 일곱을 데리고 들어가서 거하니 그 사람의 나중 형편이 전보다 더 심하게 되느니라"(눅 11:24-26, 개정)

성경에 보면 사도 바울이 에베소에서 성령의 임재를 위해 기도했을 때 성령을 받은 사람이 '열 두 명쯤' 됐다고 했습니다(행 19:7). 기도해 준 모든 사람이 성령을 받은 것이 아니라 그 사람들 중에 '열 두 사람쯤에게' 성령이 임했다는 것입니다. 그러므로 기도할 때 성령의 임재가 나타나지 않더라도 실망하지 마십시오. 성령의 때가 아직 아니기 때문입니다. 그러나 성령의 임재를 위한 기도는 꼭 하십시오. 그 순간 성령님이 준비했던 좋은 것들이 쏟아져 내릴 수 있기 때문입니다. 그러나 비록 그 자리에서 역사가 일어나지 않더라도 우리가 성령님을 초청하고 인도하심을 구한다면 성령님은 이후에라도 반드시 기도에 응답하실 것입니다. 할렐루야!

Part 2

사람의 영적 세계 '영혼육'

1장
인간의 영과
혼과 육

이제부터는 영적 전쟁의 핵심 전쟁터인 '인간의 영혼육의 세계'에 대해 다루고자 합니다. 인간의 영혼육이 어떻게 구성되어 있으며 서로 어떠한 유기적 기능을 가지고 있는지 알게 된다면 인간을 이해하는데 많은 도움이 될 것입니다. 또한 인간의 영혼육 가운데 어느 부분에서 영적 전쟁이 일어나며 사탄의 세력이 주로 어디를 공격하는지 알게 된다면 더 효과적으로 싸울 수 있을 것입니다. 먼저 이번 장에서는 인간의 영과 혼과 육이 무엇인지를 살펴보겠습니다.

1. 영, 혼, 육의 이해

인간은 영과 혼과 육으로 구성되어 있으며 이에 대해 성경은 다음과 같이 기록하고 있습니다.

"여호와 하나님이 땅의 흙으로 사람을 지으시고 생기를 그 코에 불어넣으시니 사람이 생령이 되니라" (창 2:7, 개정)

"...또 너희의 온 영과 혼과 몸이 우리 주 예수 그리스도께서 강림하실 때에 흠 없게 보전되기를 원하노라" (살전 5:23, 개정)

"사랑하는 자들아 거류민과 나그네 같은 너희를 권하노니 영혼을 거슬

러 싸우는 육체의 정욕을 제어하라"(벧전 2:11, 개정)

우리는 성경을 통해 인간이 영과 혼과 육으로 구성되어 있음을 보게 됩니다. 물론 이론에 따라 인간의 구성 요소를 삼분설(영+혼+육)로 보는가 하면 이분설(영혼+육)을 주장하기도 합니다. 삼분설과 이분설은 뒷부분에서 더욱 자세히 살펴볼 것입니다. 그러나 여기서는 편의상 인간의 구성 요소를 영과 혼과 육으로 나누어 살펴보겠습니다.

영(프뉴마, spirit)이란 무엇인가?
- '하나님의 인성과 신성을 가진 존재'

우리가 말하는 '영'(프뉴마, spirit)이란 무엇일까요?

이 영은 창세기 2장 7절의 '생기' 안에 포함되어 있습니다. 그러나 생기 전체가 다 영은 아닙니다. 생기에는 영뿐만 아니라 혼까지 포함되어 있습니다. 그렇다면 이 영은 무엇으로 구성되어 있는 것일까요?

하나님이 인간을 창조하실 때 말씀하셨습니다.

"우리의 형상을 따라 우리의 모양대로 사람을 만들자"(창 1:26).

하나님은 이 말씀대로 하나님의 형상대로 창조한 인간에게 그 분의 '인격성(인성)'을 넣어 주셨습니다.

또 말씀하셨습니다.

"그들로 바다의 물고기와 하늘의 새와 가축과 온 땅과 땅에 기는 모든 것을 다스리게 하자"(창 1:26).

하나님은 이 말씀대로 만물을 다스리는 통치권인 신적인 능력(신성)을 인간에게 넣어 주셨습니다. 과연 이 하나님의 인성과 신성이 인간의 어느 곳에 존재할까요? 육체에 존재할까요? 혼에 존재할까요?

하나님은 우리의 '영' 안에 그 분의 인성과 신성을 불어 넣어 주셨습니다. 그렇기 때문에 '영을 하나님의 기관'이라고 말하는 것입니다. 이 영이 생기 안에 넣어진 것입니다.

그러면 영과 함께 생기 안에 넣어 주신 혼의 역할은 무엇일까요?

영이 하나님의 인성과 신성을 가진 존재라면 혼은 인간 '객체'를 구분하게 하는 존재입니다. 바로 이 혼 때문에 우리는 인간 각 개인으로 구별되어 지는 것입니다. 이 영과 혼이 하나의 생기로서 흙과 결합함으로 생령이 된 것입니다. 그러나 동물에게는 영이 없습니다. 왜냐하면 하나님은 동물에게는 하나님의 인성과 신성을 넣어 주지 않았기 때문입니다. 단지 동물에게는 각 객체를 구별할 수 있는 혼만 존재할 뿐입니다.[18]

하나님은 인간을 창조하실 때 영과 혼과 육으로 창조하셨습니다. 아담과 하와가 범죄하기 전에는 영과 혼이 결합된 하나의 생기로 존

---

18) "인생들의 혼은 위로 올라가고 짐승의 혼은 아래 곧 땅으로 내려가는 줄을 누가 알랴"(전 3:21, 개정)

재했지만, 타락함으로 말미암아 영과 혼이 분리되었습니다.

혼(프쉬케, soul)이란 무엇인가?
- '지정의+자유의지+양심을 가진 존재'

그렇다면 혼이란 무엇일까요?

창세기 2장 7절에는 하나님이 "흙으로 사람을 지으시고 생기를 그 코에 불어 넣어 사람이 생령이 되었다"고 했습니다. 이 생기 안에 '영과 혼'이 포함되어 있습니다. 그리고 이 생기 안에 들어 있는 혼으로 인해 개인이 객체로서 구별됩니다. 아담과 하와를 구분하고, 너와 나를 구분하는 핵심이 바로 혼인 것입니다. 모든 인간은 개인을 구별할 수 있는 각 개의 혼으로 구성되어 있습니다. 마치 우리나라에서 사람이 태어나면 주민등록번호를 통해 각 개인을 구분하듯이 말입니다.

그러면 이 혼은 어떤 요소들로 구성이 되어 있을까요?

'지정의', '자유의지' 그리고 '양심'입니다.

지정의는 우리가 이미 알고 있듯이 '지성'과 '감정'과 '의지'를 말합니다. 자유의지는 스스로 자발적으로 선택할 수 있는 권리입니다. 쉽게 말하자면 하고 싶은 것과 해서는 안 되는 것을 스스로 결정하는 권한입니다. 양심은 선을 행하고 악을 피하도록 유도하는 기관입니다. 즉 양심은 자유의지를 통제하고 여과하는 역할을 합니다.

인간과 천사의 가장 큰 차이점이 있다면 '자유의지의 유무'일 것입니다. 보통 천사에게는 자유의지가 없습니다. 그런데 인간에게는 하나님께서 혼 안에 자유의지를 넣어 주셨습니다. 그래서 하나님께서는 인간에게 만큼은 이렇게 말씀하셨던 것입니다.

"여호와 하나님이 그 사람에게 명하여 이르시되 동산 각종 나무의 열매는 네가 임의로 먹되 선악을 알게 하는 나무의 열매는 먹지 말라 네가 먹는 날에는 반드시 죽으리라 하시니라" (창 2:16-17, 개정)

하나님은 인간을 창조하실 때 혼의 상위기관인 영의 통치를 받으며, 육체를 덧입고 하나님의 자녀로 살도록 창조하셨습니다. 자유의지를 통해 하나님이 원하시는 것, 하나님이 기뻐하시는 것, 선한 것들을 선택하며 살기를 바라셨습니다. 그래서 이것을 돕도록 자유의지를 통제하며 여과할 수 있는 '양심'을 혼 안에 넣어주셨던 것입니다. 이것이 혼의 구성 요소와 기능입니다.

육(소마, body)이란 무엇인가?
- '혼의 통치를 받는 육체로서의 존재'

그렇다면 육이란 무엇일까요?

육은 '혼의 도구'입니다. 육체 스스로만으로는 독립적으로 작동할 수 없으며 반드시 혼의 통치를 받아 움직입니다. 육체의 통치권을 가진 것이 바로 혼인 것입니다.

여기서 주목해야 할 것은 우리 인간은 영체(생령)이지만 영이 육체를 직접 통치하지 못한다는 것입니다. 반드시 육체를 움직이기 위해서는 혼의 동의가 있어야 합니다.

만약 영이 활성화된다면 혼이 영의 통제를 받게 됨으로 영으로부터 흘러나오는 하나님의 인성과 신성이 혼을 통해 육체까지 흘러 영향을 미치게 됩니다. 혼과 육이 영에 의해 통치를 받는 것입니다. 이런 사람들이 바로 영에 속한 사람들, 신령한 사람들입니다.

그러나 영과 혼이 하나 되지 못하고 여전히 분리되어 있는 사람이라면 이런 사람은 혼이 주인 되어 육체를 지배하는 혼적이며 육적인 사람이 됩니다.

2. 영, 혼, 육의 유기적 기능과 역할

이제부터는 앞서 언급했던 인간의 영과 혼과 육이 어떻게 유기적으로 연결되며 상호 어떤 기능을 하는지 살펴보고자 합니다. 인간이 영과 혼과 육으로 구성되어 있다는 것은 대부분 알지만 이것이 어떻게 유기적으로 움직이는지는 잘 알지 못합니다. 그래서 여기서는 '영의 통치를 받는 사람', '혼의 통치를 받는 사람', '죄에 속한 사람'의 예를 통해 영혼육의 유기적 관계를 살펴보겠습니다.

영의 통치를 받는 사람

하나님께서 아담과 하와를 창조하셨을 때, 이들의 혼은 온전히 영의 통치를 받고 있었습니다. 영 안에 잠재되어 있는 하나님의 인성과 신성이 혼까지 흘러내렸습니다. 또한 혼이 영에 복종함으로 영의 영향력이 육체까지도 흘러 갈 수 있었습니다. 이것이 하나님이 창조하신 아담과 하와의 처음의 모습이었습니다. 그리하여 이들에게서는 하나님의 인성(인격)과 신성(만물의 통치권)이 온전히 나타날 수 있었습니다.

그러나 범죄는 이런 영과 혼의 유기적 관계를 단절시켰습니다. 원래 영과 혼은 하나인 생기였습니다. 그러나 혼이 죄로 인해 타락하게 되자 영은 더 이상 죄성을 지닌 혼과 하나가 될 수 없었습니다. 왜냐하면 '하나님의 인성과 신성'을 가진 거룩한 영은 죄성과 연합 할 수 없기 때문입니다. 하나님은 아담과 하와가 죄를 짓기 전에 분명히 경고 하셨습니다.

"선악을 알게 하는 나무의 열매는 먹지 말라 네가 먹는 날에는 반드시 죽으리라 하시니라" (창 2:17, 개정)

결국 죄는 죽음을 낳았습니다. 먼저 영과 혼이 분리되었습니다. 영에 있던 하나님의 인성과 신성이 죄로 물든 혼을 통해 나타날 수 없게 된 것입니다. 영의 기능이 마비된 것입니다. 그리고 후에 육체의 죽음이 찾아 왔습니다. 이것이 죄의 결과입니다. 이후부터 인간이 태어날 때는 영과 혼이 분리된 상태로 태어납니다. 아담이 창조되었을 때는 영과 혼이 하나의 생기였지만 죄로 인해 타락한 후에는 영과 혼은 분리되었고 이 원죄의 결과로 모든 인간은 태어날 때 영과 혼이 분리된 상태에서 태어납니다.

그렇다면 우리는 영원히 이렇게 영과 혼이 분리된 상태로 살아야 할까요? 이제 우리에게서는 영에 있는 하나님의 인성과 신성이 나타날 수 없게 된 것일까요?

그렇지 않습니다. 우리는 태어날 때 영과 혼이 분리된 상태에서 태어났지만, 살아가면서 영과 혼의 연합을 이룰 수 있습니다.

바로 '거듭남'을 통해서입니다. 우리가 거듭날 때 영과 혼이 다시 연결되는 것입니다. 생명의 말씀을 통해 영과 혼이 연결되는 것입니다.

먼저 우리는 살아가면서 '구원의 복음'을 듣게 됩니다. 누군가를 통해, 혹은 성경을 통해 예수님이 구세주라는 구원의 복음을 듣습니다. 이 말씀을 들을 때 어떤 사람은 무시합니다. 반면 어떤 사람은 '믿음으로' 그것을 받아들입니다. 만약 구원의 복음을 무시해 버린다면 그 사람에게는 아무런 일도 일어나지 않습니다. 교회를 수십 년 다녔다할지라도 이 말씀을 믿지 않는다면 아무런 변화도 일어나지 않습니다. 그러나 교회를 오늘 처음 나왔다할지라도 구원의 복음을 믿음으로 받아들인다면 그때 역사가 일어납니다. 만약 구원의 복음을 진심으로 받아들였다면 그 말씀이 마음에 심겨집니다. 그리고 마음에 심겨진 이 말씀이 생명의 빛(요 1:4)이 되어 마음보다 더 깊은 영역인 심령을 통해 영의 문을 열게 됩니다. 이렇게 우리가 구원의 복음을 통해 거듭날 때 영과 혼이 심령을 통해 연결이 되는 것입니다. 그리고 그 열린 통로를 통해 성령님이 영 안에 내주하시는 것입니다.

"그 안에서 너희도 진리의 말씀 곧 너희의 구원의 복음을 듣고 그 안에서 또한 믿어 약속의 성령으로 인치심을 받았으니" (엡 1:13, 개정)

이렇게 성령님이 우리의 영 안에 거하시면서 영을 깨우고 성장시키기 시작하시는 것입니다. 성령님을 통해 우리가 하나님의 자녀라는 것을 깨닫게 되고, 하나님의 구원 사역과 예수 그리스도의 복음과, 빛과 어둠에 대해 우리에게 가르침을 주시기 시작하는 겁니다.

이렇게 내주하시는 성령님으로 인해 우리의 영이 깨어나고 활성화되며, 이제 영은 혼과 결합된 통로인 심령[19]을 통해 우리의 지정의에 영향을 주게 됩니다. 영에 잠재되어 있는 하나님의 인성과 신성이 혼에 영향을 미치는 것입니다. 그때 우리의 혼이 이것을 자유의지로 온전히 받아들이며 순종하며 나아갈 때 바로 '영의 통치를 받는 사람' '신령한 사람'이 되는 것입니다.

그러나 실제로 영에 잠재되어 있는 하나님의 인성과 신성이 혼에 영향을 미치고 육체에까지 흘러 신령한 행동이 나오는 것은 생각보다 쉽지 않습니다. 왜냐하면 영이 깨어남과 동시에 속사람과 겉사람의 전쟁

---

19) 이 심령에 대해서는 제 2권의 '성령의 영적 세계'에서 더 자세히 다룰 것입니다.

이 시작되기 때문입니다. 여기에 사탄의 세력까지 공격하여 우리가 영에 속한 사람으로 성장하는 것을 방해하기 때문입니다.

그러나 만약 속사람이 겉사람과의 싸움에서 이겨 영의 인성과 신성이 우리의 혼과 육을 온전히 통치하게 된다면 이런 사람들을 통해서 하나님의 놀라운 권능과 능력이 나타나게 됩니다. 이것이 처음 아담에게 주어졌던 권능과 권세이며, 하나님은 여전히 우리가 세상에서 하나님의 자녀로서 이러한 권세와 능력을 누리며 살기 원하십니다.

다시 한 번 말씀드리기 원합니다. 영의 통치를 받는 사람은 영과 혼이 연합되어 영이 혼과 육에 영향력을 미치는 사람입니다. 그러나 이러한 영의 통치를 받기 위해서는 반드시 먼저 거듭남을 통해 혼과 영이 연결되고 연합되는 과정을 거쳐야 합니다.

그러나 여기서 우리가 주목해야 할 것은 말씀이 영에 직접적으로 영향을 줄 수 없다는 것입니다. 반드시 혼의 통로를 통해 영에 전달된다는 것입니다. 먼저 하나님의 구원의 말씀을 '믿음으로' 받아들이는 '혼적인 동의'가 있을 때 그 말씀이 생명의 빛이 되어 심령을 통해 영의 문을 여는 것입니다. 또한 혼의 헌신과 수고를 통해 영의 양식을 지속적으로 먹게 될 때, 우리의 영이 성장되게 됩니다.

이것이 혼과 영이 연결되고 연합되어 가는 영적인 원리입니다.

혼의 지배를 받는 자

이미 앞에서 사람이 태어날 때는 영과 혼이 분리되어 태어난다고 말씀드렸습니다. 우리가 선택한 것은 아니지만 죄의 결과로 결국 이러한 일이 발생한 것입니다. 비록 그렇다할지라도 구원의 복음을 믿고 받아들이면 그 말씀을 통해 영이 열리고 혼과 영이 연결된다고 말씀드렸습니다. 이렇게 되기 위해 반드시 필요한 것이 바로 '하나님의 말씀'입니다. 하나님의 말씀만이 하나님의 기관을 깨울 수 있기 때문입니다. 인간의 방법으로는 하나님의 인성과 신성이 깃든 영을 열거나 깨울 수 없는 것입니다. 오직 말씀을 통해 영의 문이 열리고 성령님이 내주하시면서 영이 깨어나는 것입니다.

이것이 거듭난 사람들 안에서 일어나는 영적인 일입니다. 그러나 말씀을 듣지 못한 불신자의 영은 여전히 죽은 상태입니다. 잠들어 있는 상태이므로 영의 통치를 받을 수 없습니다. 그래서 불신자는 영이 아니라 혼이 자신의 통치자가 됩니다.

하지만 여기서 주목할 것은 하나님의 인성과 신성을 지닌 영의 통치를 받지 않는 불신자라 할지라도 여전히 선하게 살아갈 수 있다는 것입니다. 그 이유는 하나님이 인간을 창조하실 때 신자이든 불신자든 상관없이 이미 인간의 혼속에 '양심'을 넣어 주셨기 때문입니다.

하나님을 믿지 않을 지라도 선하게 살아 갈 수 있는 이유는 양심의 판단에 따라 자유의지를 통해 선택할 수 있기 때문입니다.

예수님을 믿지 않고 영이 아직 깨어나지 않은 상태인 불신자일지라도 선한 것을 선택할 수 있으며 또한 선한 영향력을 끼치며 살 수 있습니다. 그러나 이들이 선한 영향력을 끼치며 산다할지라도 결국 이들은 '혼의 사람'일 뿐입니다. 하나님의 복음이 그 혼을 통해서 영으로 들어가지 않은 상태이기에 선한 영향력을 미치며 살아간다할지라도 구원은 없는 것입니다.

구원은 반드시 거듭나야 받을 수 있기 때문입니다.[20] 거듭남을 통해 영과 혼이 하나가 되고 내주하신 성령님이 인치시고 보증할 때 구원이 이루어지기 때문입니다. 그러므로 아무리 선하고 착하게 살아간다할지라도 그 안에 성령님이 계시지 않다면 구원을 이룰 수 없는 것입니다.[21]

이것은 중요한 영적 원리입니다. 선한 것이 구원의 조건이 아닌 것입니다. 구원은 우리가 구원의 복음을 믿음으로 받아 심령을 통해 혼과 영이 연합되고 성령님이 임재하시며 인치실 때 이루어지는 것이기 때문입니다(엡 1:13). 그리고 우리가 이 성령님과 끝까지 동행하다 육체가 죽을 때 우리의 영혼이 온전히 구원받게 되는 것입니다(벧전 1:9).

---

20) "예수께서 대답하여 이르시되 진실로 진실로 네게 이르노니 사람이 거듭나지 아니하면 하나님의 나라를 볼 수 없느니라"(요 3:3, 개정)
21) "하나님의 성령을 근심하게 하지 말라 그 안에서 너희가 구원의 날까지 인치심을 받았느니라"(엡 4:30, 개정)

죄에 속한 사람

그렇다면 죄에 속한 사람은 어떤 사람을 말하는 것일까요?

죄에 속한 사람이란 불신자로서 죄로 인해 사탄의 통치하에 있는 사람을 의미합니다. 앞에서 불신자라 할지라도 선하게 살 수 있다고 이미 말씀 드렸습니다. 그러나 이것은 이론에 불과합니다. 왜냐하면 사탄의 세력이 그냥 내버려 두지 않기 때문입니다. 사탄은 계속해서 사람들을 공격합니다. 하와를 공격했던 사탄은 그 후에 공격을 멈춘 것이 아니라 지금도 여전히 우는 사자처럼 삼킬 자를 찾아다닙니다(벧전 5:8). 유혹과 미혹을 통해 사람들을 넘어뜨려 구원에 이르지 못하도록 공격하는 것입니다. 이 목적으로 우는 사자와 같이 신자든 불신자든 가리지 않고 공격하는 것입니다.[22]

이런 사탄이 사람들을 넘어뜨리기 위해 가장 첫 번째로 공격하는 것이 바로 '생각'입니다. 생각을 통해 죄를 심는 것입니다. 사탄이 하와를 공격할 때도 바로 하와의 생각을 공격했습니다. 온갖 미사어구를 총동원해 하와의 생각이 바뀌도록 유혹한 것입니다.[23] 가룟 유다를 공격할

---

[22] 대부분의 사탄의 공격은 신자들에게 이루어집니다. 왜냐하면 불신자들은 이미 구원 받지 못했기 때문입니다. 대신 사탄은 이런 불신자들에게는 오히려 필요한 세상적인 것들을 공급하면서 사탄의 도구로 이용합니다.
[23] "여자가 그 나무를 본즉 먹음직도 하고 보암직도 하고 지혜롭게 할 만큼 탐스럽기도 한 나무인지라 여자가 그 열매를 따먹고 자기와 함께 있는 남편에게도 주매 그도 먹은지라"(창 3:6, 개정)

때도 마찬가지였습니다. 그의 생각에 사탄적인 것을 넣은 것입니다.[24]

그리고 지속적으로 사탄이 넣어주는 생각들을 받아들인다면 그때부터 양심의 마비가 일어나기 시작합니다. 성경은 이것을 양심이 화인 맞았다고 표현합니다.[25] 원래 양심은 자유의지를 통제하는 여과기관입니다. 우리가 선하지 못한 것, 죄 된 것들을 선택할 경우 양심은 '죄책감'을 느끼게 하므로 자유의지를 통제합니다. 사람에게는 본래 '선한 양심'이 있어 사탄이 쉽게 자기 맘대로 지배할 수 없습니다. 그래서 이를 잘 아는 사탄은 죄를 통해 먼저 양심이 무뎌지게 하고 화인을 맞게 함으로 결국 양심을 돌덩이처럼 만들어 버리는 것입니다. 양심이 자유의지를 통제하지 못하도록 말입니다. 이렇게 되면 사탄의 죄된 속성이 들어온다 할지라도 양심이 마비되었기 때문에 자유의지를 통해 바로 행동으로 나가게 됩니다. 그러므로 이런 부류의 사람들은 자신이 죄를 짓고 살면서도 그것이 죄인지 아닌지도 느끼지 못하게 되는 것입니다. 이런 사람들이 '세상적인 사람들'이며, '죄에 속한 사람들'입니다.

이런 사람들의 특징은 영의 통로가 막혀 있으며, 죄의 통로를 통해 '혼이' 사탄의 세력과 연결되어 있다는 것입니다. 죄를 통해 그 사람을 지배하며 통제하는 것입니다. 그리고 그 사람의 혼을 주도함으로 구원

---

24) "마귀가 벌써 시몬의 아들 가룟 유다의 마음에 예수를 팔려는 생각을 넣었더라"(요 13:2, 개정)
25) "자기 양심이 화인을 맞아서 외식함으로 거짓말하는 자들이라"(딤전 4:2, 개정)

을 이룰 수 있는 영의 통로를 차단해 버리는 것입니다.[26] 이것이 사탄이 죄를 통해 노리는 것입니다.

또 하나님을 대적하도록 만들어 갑니다. 하나님과 관계를 막을 뿐만 아니라 하나님의 대적자로 서게 하는 것입니다. 이것이 사탄의 영향력 하에 있는 죄에 속한 사람들의 특징입니다. 이 사람들은 혼을 통해 구원의 복음을 받아들여 성령님께 통로를 연 것이 아니라, 혼을 통해 죄를 받아들임으로 사탄에게 통로를 연 사람입니다.

우리는 영과 혼과 육의 이해를 통해 '혼의 관리'가 얼마나 중요한지를 깨닫게 됩니다.

혼이 말씀을 통해 영이 열리도록 도울 때, 우리는 '영의 사람'이 될 수 있습니다. 반면 혼이 말씀을 거절하고 오로지 양심과 자유의지를 통해 살아간다면, 단지 선하게만 살 수 있는 '혼의 사람'이 됩니다. 그러나 그 혼이 사탄의 공격으로 인해 죄의 영향력 하에 놓이게 된다면, 사탄에게 통로를 내어 주는 '죄에 속한 사람'이 됩니다. 그래서 결국 혼의 통치를 받는 자신의 육체조차도 사탄의 도구가 될 수 있습니다.

그러므로 우리 믿는 자들은 혼이 죄에 물들지 않도록 죄를 멀리해야

---

26) 앞에서 구원은 혼이 말씀을 믿음으로 받아들일 때 그 말씀이 생명의 빛이 되어 심령을 통해 영을 연다고 말씀을 드렸습니다. 그런데 만약 사탄(귀신)이 그 사람 안에서 지배하기 시작한다면, 혼이 하나님의 말씀을 받아 영과 연결되지 못하도록 방해합니다. 성경은 이것을 '악한 자가 와서 그 마음에 뿌려진 것을 빼앗는다'고 표현합니다(마 13:19). 사탄이 이렇게 혼을 통제함으로 구원에 이르지 못하도록 막는 것입니다.

하며, 영에 계신 성령의 인도하심을 받으며 살아가는 '영에 속한 사람'이 되어야 합니다.

또한 우리가 복음을 전할 때는 불신자의 혼을 깨우기 위해 노력해야 합니다. 혼을 통해 영과 연결되기 때문입니다.

먼저 선한 행실들을 통해 복음에 대한 생각과 마음이 열릴 수 있도록 해야 합니다(마 5:16). 이러한 과정을 통해 말씀이 들어갈 때, 그 사람의 내면에 있던 내적인 상처나, 화인 맞은 양심이나, 지정의를 통해 빨아들였던 죄를 회개하게 된다면 복음의 말씀이 생명의 빛이 되어 그의 영을 열게 될 것입니다. 그리고 그 통로를 통해 성령께서 내주하심으로 그에게 영생의 축복이 주어지게 될 것입니다.

2장

영의 사람이 되기 위하여
거쳐야 할 단계

앞 장에서 영의 통치를 받는 사람, 혼에 속한 사람, 죄에 속한 사람의 예를 통해 영혼육의 유기적 기능에 대해 살펴보았습니다. 이번 장에서는 특별히 '영의 통치를 받는 사람'을 중점으로 우리의 영이 어떻게 성장하게 되며 성장 과정에서 만나게 되는 문제들에 대해 다루고자 합니다.

영의 사람이 되기 위하여
거쳐야 할 단계

나는 그동안 많은 그리스도인들을 보아 왔습니다. 그리스도인들 중에도 거듭남으로 풍성한 은혜를 누리며 신앙생활을 하는 사람이 있는가 하면, 또 어떤 경우에는 신자인지 불신자인지 구별이 안가는 사람들도 있었습니다. 그러나 그 중 가장 빈번히 만날 수 있었던 부류는 은혜와 첫사랑을 잃어버린 그리스도인들이었습니다.

왜 우리는 처음 거듭날 때 가졌던 감격과 감사를 시간이 지나면서 잃어버리게 되는 것일까요? 이것이 바로 이 번 장에서 다룰 주제입니다.

1) 거듭남

"예수께서 대답하시되 진실로 진실로 네게 이르노니 사람이 물과 성령으로 나지 아니하면 하나님의 나라에 들어갈 수 없느니라 육으로 난 것은 육이요 영으로 난 것은 영이니 내가 네게 거듭나야 하겠다 하는 말을 놀랍게 여기지 말라 바람이 임의로 불매 네가 그 소리는 들어도 어디서 와서 어디로 가는지 알지 못하나니 성령으로 난 사람도 다 그러하니라"

(요 3:5-8, 개정)

앞에서 우리는 어떻게 영의 통치를 받게 되는지에 대해 살펴보았습니다. 우리가 영의 통치를 받기 위해서는 먼저 영이 깨어나야 하는데, 이것을 주도하는 것이 바로 '혼'입니다. 혼이 구원의 복음을 믿음으로 받아들일 때 그 말씀이 마음에 심겨지게 되고, 그 말씀이 빛이 되어 심령을 통해 영의 문을 연다고 했습니다. 그리고 영에 성령님이 임재하십니다. 이것이 우리가 구원의 복음으로 거듭날 때 일어나는 초기 단계의 모습입니다. 그리고 이 단계에서 하나님의 은혜에 대한 '감격'과 '감사'가 쏟아 오릅니다.

그런데 우리가 처음 거듭나는 과정에서는 이런 감격과 감사를 체험하는데 왜 서서히 이러한 것들을 잃어버리고 나중에는 구원의 확신까지 희미해져 버리는 것일까요?

그것은 많은 사람들이 거듭남과 함께 구원을 성취하지만 그 구원을 유지하기 위한 행동을 취하지 않기 때문입니다.[27] 또한 이 시기에는 목회자나 사역자를 통해 올바른 양육을 받아야 하나 제대로 양육 받지 못하기 때문입니다. 그리고 가장 중요한 이유로는 구원받은 이후부터 일어나는 '속사람과 겉사람의 싸움'에 대해 알지 못할 뿐 아니라 제대로 대처하지 못하기 때문입니다.

이것이 바로 우리가 감격과 감사를 잃어버리는 이유입니다. 그래서 어느 순간부터는 감격과 감사의 은혜를 잃어버리고 '첫사랑 타령 신자'가 됩니다. 또 지금 은혜 가운데 있는 성도를 향해 '나도 그런 때가 있었지'하며 '과거 회상형 신자'가 됩니다. 이런 성도들은 은혜를 잃어버린 성도입니다. 혹시 이런 분들이 있다면 이 책을 통해 자신의 신앙을 점검하고 회복하는 시간이 되었으면 좋겠습니다.

2) 속사람과 겉사람의 싸움

그리스도인들은 예수님을 믿고 거듭나게 되면 일반적으로 감격과 감사와 은혜를 체험하게 됩니다. 이러한 감격과 감사가 영원토록 지속될 것 같은 생각을 합니다. 그러나 이러한 은혜는 대부분 2-3년이 지나면

---

27) 이 부분은 제 1권 '성령의 영적 세계'에서 더 깊게 다룰 것입니다.

서 점진적으로 사라져 갑니다. 많은 그리스도인들이 이러한 전철을 밟다보니 감격과 감사가 사라지는 것을 당연시 하기도 합니다. 어떤 경우에는 이것이 성장한 그리스도인의 모습이라고 생각하는 경우도 있습니다.

그러나 결코 그렇지 않습니다. 우리가 거듭남으로 감격과 감사를 누리다가 이것이 사라지는 이유는 성장을 했기 때문이 아니라 속사람과 겉사람의 싸움에서 '속사람이 패했기 때문에' 은혜를 잃어버린 것입니다.

앞에서 우리가 거듭날 때 영과 혼이 연결된다고 말씀 드렸습니다. 그런데 영과 혼은 연결되지만, '거룩한 영'과 죄성을 가진 '혼과 육' 사이에 충돌이 발생합니다. 바로 속사람과 겉사람의 싸움이 시작되는 것입니다. 사도 바울도 예외는 아니었습니다.

> "그러므로 내가 한 법을 깨달았노니 곧 선을 행하기 원하는 나에게 악이 함께 있는 것이로다 내 속사람으로는 하나님의 법을 즐거워하되 내 지체 속에서 한 다른 법이 내 마음의 법과 싸워 내 지체 속에 있는 죄의 법으로 나를 사로잡는 것을 보는 도다"
>
> (롬 7:21-23, 개정)

거듭남으로 구원받은 자들에게는 이제 속사람[28]과 겉사람[29]의 전쟁이 시작되는 것입니다.

왜 우리가 구원의 감격과 은혜를 잃어 버립니까?

바로 겉사람이 속사람을 이겼기 때문입니다.

> "육체의 소욕은 성령을 거스르고 성령은 육체를 거스르나니 이 둘이 서로 대적함으로 너희가 원하는 것을 하지 못하게 하려 함이니라"(갈 5:17, 개정)

겉사람과 속사람은 계속 충돌합니다.

> "육체의 일은 분명하니 곧 음행과 더러운 것과 호색과 우상 숭배와 주술과 원수 맺는 것과 분쟁과 시기와 분냄과 당 짓는 것과 분열함과 이단과 투기와 술 취함과 방탕함과 또 그와 같은 것들이라 전에 너희에게 경계한 것 같이 경계하노니 이런 일을 하는 자들은 하나님의 나라를 유업으로 받지 못할 것이요 오직 성령의 열매는 사랑과 희락과 화평과 오래 참음과 자비와 양선과 충성과 온유와 절제니 이같은 것을 금지할 법이 없느니라

---

28) 하나님의 인성과 신성을 가진 영, 성령님
29) 죄성을 가진 혼과 육체, 사탄의 공격

> 그리스도 예수의 사람들은 육체와 함께 그 정욕과 탐심을 십자가에 못 박았느니라 만일 우리가 성령으로 살면 또한 성령으로 행할지니 헛된 영광을 구하여 서로 노엽게 하거나 서로 투기하지 말지니라"(갈 5:19-28, 개정)

여기서 중요한 것은 우리 혼이 '어느 편에 서느냐'입니다. 혼이 '자유의지'를 통해 속사람의 것들을 선택할 때 우리는 영적으로 계속 성장할 수 있습니다. 그러나 반대로 겉사람의 것들을 선택해 나간다면 감격과 감사를 잃어버릴 뿐만 아니라 구원의 확신까지도 희미하게 되어 버리는 것입니다.

예를 들어 보겠습니다.

겉사람과 속사람의 싸움은 큰일에서만 일어나는 것이 아닙니다. 작고 사소한 일에서도 싸움이 일어납니다. 어떤 사람이 내 마음을 상하게 했습니다. 화가 납니다. 그 사람이 미워집니다. 그때 속사람이 말합니다.

"그 사람을 용서하라. 오히려 선으로 그 사람의 악을 이기라(막 11:25, 롬 12:21)"

그러나 겉사람은 분노를 억제하지 않고 그 사람에 대한 미움을 내려놓지 않습니다. 그렇게 된다면 겉사람이 속사람을 이기는 것입니다.

"내가 당한 것이 얼만데"

"내 눈에 흙이 들어 가기 전까지는 안 돼!"

이런 태도와 말들이 겉사람을 이기게 하는 것입니다. 아울러 죄들을 반복해서 짓는 것도 겉사람이 속사람을 이기게 만듭니다. 이렇게 되면 속사람 안에 계신 성령님이 근심하게 됩니다(엡 4:30). 점차 구원의 감격과 감사가 사라집니다. 이 상태가 지속된다면 죄와 함께 하실 수 없는 거룩한 성령님이 떠나시며 소멸되는 것입니다(살전 5:19).

그러면서 이런 사람의 신앙은 형식적이고 습관적이 됩니다. 예배도 찬양도 형식적이 됩니다. 감격과 은혜의 첫사랑의 경험은 있으나 그것을 잃어 버렸기에 습관적인 신앙인이 되는 것입니다. 그러나 이들에게는 체험도 있고 경험도 있기 때문에 성령님이 비록 소멸되었을지라도 신앙의 경험으로 신앙생활을 유지해 나갑니다. 하지만 이미 영은 다시 죽었고 혼이 이끌어 가는 신앙생활이기에 감격과 감사가 없고 은혜가 없습니다. 오히려 불평과 불만, 자기의 의를 드러내는 신앙생활을 하게 되는 것입니다. 결국 영의 문이 닫힘으로 그 사람은 혼의 지배를 받는 사람이 되고 맙니다. 이렇게 해서 신앙에 대해 완고한 사람이 되는 것입니다. 한발 더 나아가 거듭난 경험이 있고 오랜 신앙생활을 했다할지라도 사탄에 의해 하나님을 대적하는 자로 서게 된다면 영의 문이 완전히 막힘으로 신앙생활이 멈출 수도 있습니다.

그러나 만약 우리가 이 싸움에서 속사람이 이긴다면 어떻게 될까요? 여전히 우리에게 감격과 감사가 흘러넘칠 것입니다. 왜냐하면 속사람이 겉사람을 이김으로 속사람으로부터 흘러나오는 감격과 감사가 계속 유지될 수 있기 때문입니다. 항상 기뻐하며 범사에 감사하며 기도의 삶을 살 수 있게 되는 것입니다(살전 5:16-18). 사도 바울이 '속사람'이 이긴 삶을 살았기에 항상 기뻐하며, 범사에 감사하며, 기도하는 삶을 살았던 것입니다

> "그러므로 우리가 낙심하지 아니하노니 겉 사람은 후패하나 우리의 속은 날로 새롭도다" (고후 4:16, 개역)

우리가 여기서 알아야 할 것은 거듭남은 구원의 완성이 아니라 단지 구원의 첫 단계를 시작한 것에 불과하다는 것입니다. 거듭남과 함께 이제 우리는 영적 성장의 길에서 첫 걸음을 뗀 것입니다. 사실 복음으로 거듭나기 전에는 우리에게 속사람과 겉사람의 싸움이 없었습니다. 왜냐하면 우리는 겉사람(혼과 육)이 원하는 대로 살았기 때문입니다. 영이 죽어 있었음으로 속사람과 겉사람이 싸울 필요가 전혀 없었습니다. 단지 혼적인 양심적인 약간의 갈등만 있었을 뿐입니다. 결국 혼이 원하는 대로 또한 육체의 본능대로 그렇게 살아왔던 것입니다. 그런데 복음이 심령을 뚫고 들어와 영을 깨우고 성령님이 내 안에 거하시면서 속사람과 겉사람의 싸움이 시작되는 것입니다.

많은 그리스도인들이 이것을 알고 대처했더라면 감격과 감사를 잃어

버리지 않는 삶을 살았을 것입니다. 또한 더 빠른 영적성장을 이루었을 것입니다. 그러나 지금 은혜를 잃어버린 상태라 할지라도 낙심하거나 두려워할 필요는 없습니다. 하나님은 인내하시며 또 다시 우리에게 기회를 주시기 때문입니다. 하나님은 우리가 영적으로 날마다 성장하길 원하십니다. 하루 빨리 성장하여 하나님의 자녀로서 이 세상에서 하나님의 인성(인격성)과 하나님의 신성(신적인 능력, 권능)을 나타내며 살기 원하십니다. 이를 위해 하나님이 성령님을 우리에게 보내주신 것입니다. 여전히 우리는 성령님의 도우심으로 회복될 수 있으며, 성장할 수 있습니다. 또한 이 세상에서 하나님이 자녀에게 주신 권세들을 누리며 살 수 있습니다.

3장

천국과 지옥, 영혼과의 관계

앞 장에서 영의 통치를 받는 사람이 되기 위해서는 먼저 거듭남으로 영과 혼이 연합되고 성령의 임재를 통해 인도하심을 받아야 한다고 말씀드렸습니다. 또한 영적으로 성장하기 위해서는 '겉사람과 속사람의 싸움'에서 속사람이 반드시 승리해야 한다고 말씀 드렸습니다. 이제 속사람이 이겨야 하는 '더 중요한 이유'에 대해 말씀 드리고자 합니다. 왜 속사람과 겉사람의 싸움에서 속사람이 반드시 이겨야 할까요? 그것은 그 싸움이 바로 천국과 연결이 되기 때문입니다.

1. 천국과 연결된 속사람과 겉사람의 싸움

그리스도인이라면 누구나 천국에 대한 소망이 있을 것입니다. 그러나 천국의 소망을 가지고 신앙생활을 했다하더라도 나중에 구원받지 못하고 지옥에 떨어지게 될 사람들이 분명 존재할 것입니다. 그러므로 믿는 자들은 나중에 이런 황당한 일을 당하지 않기 위해서라도 우리가 어떻게 구원받게 되는지에 대해 명확히 알고 있어야 합니다.

이번 장에서는 이 부분에 대해 다룰 것입니다. 이것을 알게 된다면 우리는 천국에 대한 더 분명한 소망을 가지게 될 것입니다.

모든 사람들은 태어날 때는 진노의 자녀로 태어납니다(엡 2:3). 죄의 결과 때문입니다. 그래서 모든 인간은 태어날 때 '영과 혼이 분리된 채'

태어납니다. 거룩한 영이 죄로 물든 혼과 하나가 될 수 없기 때문에 분리되어 태어나는 것입니다. 그러나 범죄하기 전인 아담과 하와의 영과 혼은 하나로 된 생기였습니다 (창 2:7). 죄가 거룩한 영과 죄로 물든 혼을 분리시킨 것입니다. 그러면서 영이 마비되었습니다. 이렇듯 영이 마비되고 잠든 상태로 태어나기 때문에 혼이 주도권을 쥐고 육체와 함께 이 세상을 살아가는 것입니다. 혼의 '지정의'와 '자유의지'와 '양심의 판단'으로 말입니다. 그런데 이러한 혼과 하나님과는 아무런 연결점이 없습니다. 동물의 혼과 하나님과 연관점이 없는 것처럼 말입니다. 또한 인간의 혼에는 성령님이 거할 수 있는 공간 자체도 없습니다.

그러므로 우리가 구원받기 위해서는 반드시 하나님의 기관인 영이 깨어나 혼과 연결이 이루어져야 합니다. 이렇게 될 때 영 가운데 성령님이 거하시게 되고, 결국 영이 구원받게 될 때 그때 연합된 혼도 함께 구원을 받게 되는 것입니다.

"믿음의 결국 곧 영혼의 구원을 받음이라" (벧전 1:9, 개정)

"우리는 뒤로 물러가 멸망할 자가 아니요 오직 영혼을 구원함에 이르는 믿음을 가진 자니라" (히 10:39, 개정)

이것이 성경이 말하는 구원입니다. 만약 어떤 사람이 교회를 다녔지만 혼의 통치로 이 세상을 살았다면 아무리 천국에 대한 소망이 있더라도 그 사람은 구원받을 수 없습니다. 왜냐하면 구원은 '단독의 혼'이 아니라 '영혼이 하나 되어 그 영 안에 계신 성령님을 통해 받는 것'이기 때문입니다.

그러나 우리가 이러한 거듭남의 단계를 통해 구원받았다 할지라도 이 단계는 영혼이 '연합된 단계'가 아니라 단지 '연결된 단계'에 불과하다는 것을 깨달아야 합니다. 단지 연결만 된 상태이기 때문에 충격에 의해 쉽게 깨어질 수 있는 것입니다. 사탄이 영과 혼의 연결을 끊기 위해 계속적으로 공격하며, 또한 죄성을 가진 혼과 육체에 의해서도 도전을 받게 되는 것입니다. 이것이 겉사람의 공격인 것입니다. 만약 이 공격을 지속적으로 허용하게 된다면, 어느 순간 혼과 영의 연결점은 끊어 질 수 있습니다. 배가 항해 도중에 좌초되는 것과 같은 것입니다. 목적지에 다다르지 못하게 되는 것입니다. 영생의 구원을 잃는 것입니다.

그래서 우리는 겉사람의 도전에 지속적으로 선한 싸움을 싸우며 나가야 하는 것입니다.(딤 6:12). 피 흘리기까지 싸워야 하는 것입니다.(히 12:4). 이와 더불어 속사람이 강건해지도록 영의 양식을 지속적으로 공급해야 하는 것입니다.

우리가 이렇게 싸워나갈 때 속사람의 승리를 통해 우리의 영과 혼이 하나로 강력하게 연합되는 것입니다. 이렇게 되었을 때 영에 있는 하나님의 인성과 신성이 혼을 통해 흘러 내려와 혼의 통치를 받는 육체까지도 영향을 미치게 되는 것입니다. 하나님의 인성(인격)과 신성(신적인 능력)이 혼을 통해 육체에까지 나타나는 단계가 되는 것입니다.

이렇게 될때 영혼이 '온전한 구원'을 받게 되는 것입니다.

이 단계의 대표적인 사람이 바로 예수 그리스도요, 사도 바울이요, 스데반과 같은 사람인 것입니다. 그리고 이런 사람들의 내면적인 특징 중에 하나가 '혼'이 리더가 아니라 바로 '영'이 리더라는 점입니다. 이런 사람들은 성령님이 이미 통치권자로 완전하게 일어났기 때문에 그의 영이 리더가 되어 혼을 권면하며 이끌어 갑니다. 강제적으로 끌고 가는 것이 아니라 영이 혼을 권면하며 위로하며 성령의 다스림 속에서 이끌어 가는 것입니다. 또한 혼의 통치를 받는 것이 육체이므로, 혼이 영에 귀속되었음으로 육체 또한 영과 함께 움직이는 것입니다. 이것이 영과 혼이 온전히 하나가 된 사람들에게 나타나는 특징입니다. 이런 사람들에게는 더 이상 영과 혼이 분리되어 있지 않습니다. 그래서 사도 요한은 영과 혼을 분리하지 않고 영혼을 하나의 단어로 사용한 것입니다.

> "사랑하는 자여 네 영혼이 잘됨 같이 네가 범사에 잘되고 강건하기를 내가 간구하노라" (요삼 1:2, 개정)

예수님을 통해서도 이것이 나타납니다.

> "예수께서 큰 소리로 불러 이르시되 아버지 내 영혼을 아버지 손에 부탁하나이다 하고 이 말씀을 하신 후 숨지시니라" (눅 23:46, 개정)

예수님의 말씀 속에서도 영과 혼이 구분되지 않고 '영혼'이라는 한 단어로 표현됩니다. 왜냐하면 이미 영과 혼이 분리될 수 없는 '온전한 생기'의 단계에 이르렀기 때문입니다.

돌아 맞아 죽어가던 스데반도 '내 영혼'이라고 표현했습니다.

> "주 예수여 내 영혼을 받으시옵소서 하고 무릎을 꿇고 크게 불러 이르되 주여 이 죄를 그들에게 돌리지 마옵소서 이 말을 하고 자니라"(행 7:59-60, 개정)

이것이 성령의 완전한 통치로 인해 영에 속한 신령한 사람에게 나타나는 내적인 특징입니다. 영과 혼이 하나로 연합되어 분리될 수 없는 것입니다. 또한 우리는 이들의 죽음 직전의 고백을 통해 천국은 '연합된 영혼'이 가는 곳이라는 것도 알게 됩니다(벧전 1:9).

그러나 아나니아와 삽비라에게서는 이와는 다른 모습이 나타납니다.

> "아나니아가 이 말을 듣고 엎드러져 혼이 떠나니 이 일을 듣는 사람이 다 크게 두려워하더라… …곧 그가 베드로의 발 앞에 엎드러져 혼이 떠나는지라 젊은 사람들이 들어와 죽은 것을 보고 메어다가 그의 남편 곁에 장사하니"(행 5:10, 개정)

이들이 죽었을 때는 영혼이 떠났다고 하지 않고 '혼'이 떠났다고 했습니다. 왜 그랬을까요? 이들에게는 성령님이 계시지 않음으로 영이 죽었기 때문입니다.[30] 베드로 사도는 그 이유에 대해 분명히 말해 줍니다.

"베드로가 이르되 아나니아야 어찌하여 사탄이 네 마음에 가득하여 네가 성령을 속이고 땅 값 얼마를 감추었느냐"(행 5:3, 개정)

구원은 혼을 통해 영이 깨어나고 성령님이 임재하심으로 거듭날 때 일어나는 것입니다. 또한 우리 영혼이 하나 된 상태로 끝까지 성령님을 붙잡을 때 이룰 수 있는 것입니다. 그러나 아나니아와 삽비라의 경우는 사탄이 이것을 깨버리고 막아 버렸습니다. 그러므로 우리가 아무리 오랜 기간 동안 교회를 다녔다할지라도 아나니아와 삽비라와 같은 신앙생활을 하고 있다면 그 사람은 구원받지 못하게 됩니다. 겉사람과 속사람의 싸움에서 겉사람인 사탄이 이긴 결과입니다. 그래서 사도 바울은 우리를 향해 끝까지 믿음의 선한 싸움을 싸우라고 요구하는 것입니다. 이 선한 싸움을 통해 온전한 영생을 붙잡으라고 한 것이다.

"믿음의 선한 싸움을 싸우라 영생을 취하라 이를 위하여 네가 부르심을

---

30) 성경의 기록에는 나오지 않지만, 실제적으로는 아나니아와 삽비라도 초대교회에서 이미 거듭남을 체험한 사람들이었을 것입니다. 그러나 어떤 이유에선지 사탄에게 틈을 주었고, 결국 사탄이 침투하여 지배함으로 영이 막히게 됨으로 영과 혼의 연결이 끊어지게 되었고 그들의 구원이 상실되게 된 것입니다.

받았고 많은 증인 앞에서 선한 증언을 하였도다"(딤전 6:12, 개정)

우리가 갈 천국은 영혼이 하나로 연합되어 자신을 하나님의 거룩한 성전으로 내어드린 사람이 가는 곳입니다. 육체는 흙으로 지어졌으므로 흙으로 되돌아가지만, 우리가 성령의 사람으로, 영에 속한 하나님의 사람으로 이 땅 가운데서 하나님의 자녀로서 승리하는 삶을 살았다면 우리가 가는 곳이 바로 천국입니다. 육체의 옷을 벗고 우리의 영혼이 가는 것입니다.

2. 혼에 속한 자, 죄에 속한 자들이 가는 지옥

천국은 영과 혼이 연합된 상태로 성령님의 인도하심으로 가는 곳이라고 말씀드렸습니다. 그렇다면 이와는 무관하게 혼에 속한 삶, 죄에 속한 삶을 산 사람들의 결과는 어떻게 될까요?

사실 하나님은 이들이 세상에 사는 동안 그냥 내버려 두지 않으십니다. 이들의 영을 깨우기 위해 많은 시도를 하십니다. 여러 방법을 통해 이들에게 기회를 주시는 것입니다. 만물을 통해서라도 하나님을 발견하도록 하십니다. 그러나 혼에 속한 사람들은 이러한 것들을 인정하지 않고 자신의 혼이 주인 되어 세상의 방식대로 살아갑니다.

또한 하나님은 전도의 직접적인 방법을 통해서 이들을 구원하고자 하십니다(고전 1:21). 전도자를 보내 복음을 전하고 어떤 방법을 통해서라도 구원의 말씀을 듣게 하십니다. 그러나 이들은 완고한 마음으로 복음을 거절하는 것입니다. 제한하고 단절하는 것입니다. 더구나 죄로 인해 사탄의 영향력 아래 있는 사람이라면 하나님의 복음이 전해진다 할지라도 사탄이 모든 수단을 동원하여 막습니다. 하나님의 복음의 빛이 혼을 관통하여 영으로 가지 못하도록 방해하는 것입니다. 죄로 인해 완악해진 마음으로 복음을 거절하도록 만드는 것입니다. 오히려 대적하게 하는 것입니다.

이런 사람들은 구원이 얼마나 값진 보화인 줄 모르고 버리는 자들입니다. 마치 돼지가 진주의 가치를 모르듯이 말입니다(마 7:6). 이들은 복음과 관계없는 삶을 살아갑니다. 세상의 삶이 전부라고 생각하며 세상의 가치관을 가지고 자신의 뜻대로 살아갑니다. 물론 이런 사람들 중에는 양심을 깨끗하게 관리하여 선한 영향력을 끼치며 살아가는 사람들도 있을 것입니다. 정반대로 여러 가지 죄를 지으며 세상에 해를 끼치며 살아가는 사람들도 있습니다. 그러나 중요한 것은 이들이 어떻게 살았건 '복음과는 관계없는 삶'을 살았다는 것입니다. 혼이 육체와 혼연일체가 되어 세상을 산 것입니다.

이들에게는 영이 복음을 통해 깨어날 기회를 얻지 못했습니다. 영이 죽어 성령님이 임재할 수 없게 된 것입니다. 그래서 이러한 사람들이 죽게 되면 가게 되는 곳이 바로 지옥입니다. 하나님과 전혀 관계없이 살

앉기 때문입니다. 결국 이들의 영은 죽었으므로 지옥에 갈 때는 영이 아니라 '혼이 주도권을 가지고' 지옥에 가게 됩니다. 그런데 이 사람들이 세상에서 살 때 무엇과 벗하고 살았습니까?

바로 육체입니다. 그래서 혼이 지옥으로 떨어지게 될 때에는 이 육체와 함께 가게 됩니다. '육체의 감각'을 고스란히 지닌 채 지옥으로 가게 되는 것입니다. 이것이 하나님의 심판입니다.

누가복음 16장에 나오는 부자가 지옥에서 고통 받는 장면이 나오는데 이것은 그가 죽을 때 혼과 함께 육체의 감각을 그대로 가지고 갔기 때문입니다.

> "이에 그 거지가 죽어 천사들에게 받들려 아브라함의 품에 들어가고 부자도 죽어 장사되매 그가 음부에서 고통 중에 눈을 들어 멀리 아브라함과 그의 품에 있는 나사로를 보고 불러 이르되 아버지 아브라함이여 나를 긍휼히 여기사 나사로를 보내어 그 손가락 끝에 물을 찍어 내 혀를 서늘하게 하소서 내가 이 불꽃 가운데서 괴로워하나이다"
>
> (눅 16:22-24, 개정)

그러나 성령의 사람, 구원받은 하나님의 사람들은 그 영혼이 천국에 갈 때 육체의 모든 고통과 아픔과 무거운 짐을 이 땅에 다 내려 놓고 갑니다. 육은 흙으로 돌아가는 것입니다. 그러나 우리가 온전하기 위해서는 몸이 덧입혀져야 함으로 천국에 가면 하나님께서 우리에게 부활체의 신령한 몸을 다시 입혀 주십니다.

> "육의 몸으로 심고 신령한 몸으로 다시 살아나나니 육의 몸이 있은즉 또 영의 몸도 있느니라" (고전 15:44, 개정)

이 몸은 이 세상에 살 때 입었던 육신과는 달리 슬픔과 아픔과 고통과 죽음이 없는 신령한 몸입니다. 우리가 이 신령한 몸을 입게 될 때 하나님께서 처음 아담을 창조하셨던 모습으로 회복되는 것입니다.

하나님은 우리를 위해 이러한 축복을 예비해 놓으셨습니다. 이 세상의 어떤 것과 비교할 수도 없는 최상의 선물이요 소망입니다. 이미 믿음의 선진들이 천국에서 이런 삶을 살고 있으며, 머지않아 우리도 믿음의 선진들처럼 이러한 축복된 삶을 누리게 될 것입니다.

4장

성경적 관점에서의
이분설과 삼분설[31]

이번 장에서는 인간의 구성 요소에 대해 학자들 사이에서도 논란이 많은 이분설과 삼분설에 대해 말씀 드리겠습니다. 어떤 사람들은 이분설을 주장하고 어떤 사람들은 삼분설을 주장합니다. 그런데 왜 이것을 주장하는 사람들이 서로 팽팽하게 맞서는 것일까요? 그것은 성경에 이분설도 나오고 삼분설도 나오기 때문입니다. 삼분설을 주장하는 사람들도 성경을 근거로 주장을 하며 이분설을 주장하는 사람들도 성경을 통해 주장합니다. 이래서 팽팽하게 맞서는 것입니다. 하나님께서 둘 중 하나만 계시하여 기록하게 하셨다면 전혀 싸울 일도 없었을 텐데 말입니다. 그러나 하나님이 이 두 가지를 성경에 언급한 것은 분명한 이유가 있습니다. 이번 장에서 그 이유가 무엇인가를 살펴보기 원합니다.

---

31) 이분설 : 사람의 구성요소를 '영혼+육'으로 보는 관점
　　삼분설 : 사람의 구성요소를 '영+혼+육'으로 보는 관점

이분설과 삼분설

먼저 이분설과 삼분설을 주장하는 사람들의 입장에 대해 살펴보겠습니다.

이분설을 주장하는 사람들은 인간의 구성 요소를 '영혼 + 육'으로 나눕니다. '비물질적인 것 + 물질적인 것'으로 나누는 것입니다. 이들은 영과 혼이 본질적으로나 기능적으로 차이가 없다고 봅니다. 영혼을 하나로 보는 것입니다. 그리고 다음과 같은 성경 구절을 통해 이분설을 설명합니다.

"사랑하는 자들아 거류민과 나그네 같은 너희를 권하노니 영혼을 거슬러 싸우는 육체의 정욕을 제어하라"(벧전 2:11, 개정) "영혼 없는 몸

이 죽은 것 같이 행함이 없는 믿음은 죽은 것이니라" (약 2:26, 개정)

"...몸과 영을 다 거룩하게 하려 하되..." (고전 7:34, 개정)

이 성경 구절에서 볼 수 있듯이 우리는 성경을 통해 이분설을 발견할 수 있습니다.

그렇다면 삼분설을 주장하는 사람들의 입장은 어떨까요? 삼분설을 주장하는 사람들은 인간이 '영 + 혼 + 육(몸)'으로 구성되어 있다고 말합니다. 영과 혼을 독립된 개체로 보는 것입니다. 세상에 관한 의식을 전한다는 것이 '몸'이고, 자의식을 전달하는 것이 '혼'이며, 신의식을 전달하는 것이 '영'이라고 말합니다. 다음과 같은 성경구절을 근거로 삼분설을 설명합니다.

> "평강의 하나님이 친히 너희를 온전히 거룩하게 하시고 또 너희의 온 영과 혼과 몸이 우리 주 예수 그리스도께서 강림하실 때에 흠 없게 보전되기를 원하노라" (살전 5:23, 개정) "하나님의 말씀은 살아 있고 활력이 있어 좌우에 날선 어떤 검보다도 예리하여 혼과 영과 및 관절과 골수를 찔러 쪼개기까지 하며 또 마음의 생각과 뜻을 판단하나니" (히 4:12, 개정)

이렇게 성경을 통해 이분설과 삼분설의 주장을 다 볼 수 있으므로 서로 충돌하는 것입니다. 이분설을 지지하는 성경구절도 있고 삼분설을 지지하는 성경구절도 있기 때문입니다. 그래서 대립하는 것입니다. 그러나 우리가 주목해야 할 것은 인간은 고정된 존재가 아니라 '살아있는 유기체'라는 것입니다. 영, 혼, 육에 변동이 있을 수 있다는 것입니다. 예를 들어 사람이 죽게 될 때, 육체의 역할에 변동이 있습니다. 육체가 소멸하는 것입니다. 만약 뇌손상을 당하게 된다면, 혼의 역할에 문제가 생길 수도 있습니다. 기능의 마비가 일어나는 것입니다. 우리가 알 듯 영 또한 죄로 말미암아 마비되고 죽고 말았습니다. 이렇듯 어떤 상황에 따라 영혼육의 변화가 일어날 수 있다는 것입니다.

많은 사람들이 이러한 영혼육의 유기적 변화를 모르기 때문에, 고정된 이론(영혼육)을 가지고 자기의 이론을 주장하는 것입니다. 그래서 충돌이 일어나는 것입니다. 그러나 성경은 영혼육이 고정된 것이 아니라 상호보완으로서 역할을 하며 유기적으로 변화되는 것을 알기에 이분설과 삼분설, 두 가지를 다 사용하는 것입니다. 그래서 어느 때는 이분설을 어느 때는 삼분설을 사용하는 것입니다. 그렇다면 성경은 어느 때 이분설을, 삼분설을 사용하는 것일까요?

일반적인 사람은 보통 '영과 혼과 육'의 삼분설의 구조를 가지고 태어납니다. 그러나 최초의 인간인 아담은 '생기(영혼)+흙(육)'의 이분설적인 사람이었습니다(창 2:7). 하지만 성경의 생기는 이분설의 주장과는 다른 면이 있습니다. 이분설에서는 영과 혼을 본질적으로 차이가 없는 것으로 보지만 아담의 영혼에는 분명한 차이가 있습니다. 아담의 영은 하나님의 인성과 신성이 부여된 하나님의 영역인 반면, 혼은 인간 객체를 구성하는 지정의와 자유의지, 양심으로 구성된 존재라는 것입니다. 이러한 형태로 아담의 영혼이 하나의 생기로서 구성되어 있었던 것입니다. 그러나 굳이 이분설과 삼분설 중에 선택해서 말해야 된다면 아담은 이분설에 가까운 사람이었습니다. 그러나 범죄가 이분설적 인간의 모습을 깨뜨렸습니다. 죄가 영과 혼을 분리시킨 것입니다. 거룩한 영은 죄에 물든 혼과 하나 될 수 없었기 때문입니다. 그래서 아담 이후의 원죄를 가지고 태어나는 사람들은 이제 '영과 혼과 육'으로 분리되어 태어나게 된 것입니다. 그래서 복음을 듣지 못한 불신자들이나 거듭나지 못한 그리스도인들은 이 삼분설의 구조를 가지고 있습니다. 반면 성령이 충만한 사람들, 거듭난 사람들은 삼분설보다 이분설에 가까운 사람들입니다. 거듭나면서 영과 혼에 연합이 일어나기 때문입니다.

이제부터는 어떻게 해서 사람들이 삼분설적인 사람이 되었다가 이분설적인 사람이 되며 혹은 그 반대로 되는지에 대해 말씀 드리겠습니다. 여기서 우리가 기억해야 할 것은 성경에서 이분설과 삼분설을 나누는 기준은 '영, 혼, 육'이 아니라는 것입니다. 이것은 단지 인간의 기준일 뿐입니다. 성경은 인간의 영, 혼, 육을 기준으로 이분설과 삼분설을 나누지 않습니다. 오히려 성경의 기준은 '성령하나님의 존재 여부'라는 것입니다. 이것이 성경이 이분설과 삼분설을 나누는 관점입니다.

"그 사람의 혼이 주도권을 가지고 살아가느냐" 아니면 "성령하나님이 그 사람을 이끄느냐" 로 이분설과 삼분설을 나누는 것입니다. 이제 어떻게 해서 이렇게 구분되는지를 설명 드리겠습니다.

이분설의 이해

모든 사람들은 태어날 때 영과 혼과 육이 분리되어 태어납니다. 그러나 어느 순간 영과 혼이 연합되어 연결되는 때가 있습니다. 복음을 듣고 '거듭날 때'입니다. 혼이 구원의 복음을 믿고 마음으로 받아들이면 그 말씀이 빛이 되어 마음보다 더 깊은 영역에 있는 심령을 통해 영의 문을 엽니다. 이때가 심령을 통해 '혼과 영이 연결되는 순간'입니다. 우리가 거듭날 때 '영 + 혼 + 육'의 상태에서 '영혼 + 육'으로 변화되는 것입니다. 영과 혼이 '영혼'이 되는 것입니다. 이때 성령님이 그 통로를 통해 그 사람의 영 안에 들어가 잠자는 영을 깨우는 것입니다. 이렇게 우리가 거듭나게 될 때 삼분설적인 사람(영+혼+육)이 이분설적인 사람(영혼+육)이 되는 것입니다. 이것을 나누는 핵심이 바로 '성령하나님의 존재유무'입니다.

그러나 이 상태는 영과 혼이 온전히 합일의 상태를 이룬 것은 아닙니다. 영과 혼이 연결된 것뿐입니다. 그래서 상황에 따라서 이 영과 혼이 다시 분리될 수 있습니다. 성령이 근심(엡 4:30)하며 소멸될 때(살전 5:19)입니다.

그러나 혼의 헌신과 수고로 영의 양식을 먹으며 지속적으로 영의 성장을 돕는다면 영과 혼은 더욱 강건해질 것이고 영혼은 더 강하게 연합될 것입니다. 더 온전한 이분설적인 사람이 되는 것입니다. 그리고 성령 안에서 이런 이분설의 모습을 온전히 유지한다면 결국 영혼의 구원이 이루어질 것입니다.

이분설적인 사람의 예

베드로(행 5:1-11)

사도행전에 보면 아나니아와 삽비라의 이야기가 나옵니다. 이들은 초대 교회 성도였습니다. 교회 성도들이 자신의 재산을 팔아 헌금하는 것을 보고 이것을 따라하게 됩니다. 그러나 이들은 재산을 처분하여 헌금을 바칠 때 일부를 감추고 바쳤습니다. 그런데 베드로가 이것을 알았습니다. 어떻게 알았을까요?

이러한 것은 누가 알려 주지 않는 이상 인간의 혼으로는 저절로 알 수 있는 것들이 아닙니다. 베드로가 스스로 알았던 것이 아니라 영에 계신 성령님의 계시(지식의 은사)를 통해 알게 된 것입니다. 베드로의 영과 혼이 연합되어 하나 되어 있음으로 영에 계신 성령님이 심령을 통해 베드로의 혼에게 말을 했을 때 혼이 이것을 받아 그의 입술을 통해 말한 것입니다.

"베드로가 이르되 아나니아야 어찌하여 사탄이 네 마음에 가득하여 네가 성령을 속이고 땅 값 얼마를 감추었느냐 땅이 그대로 있을 때에는 네 땅이 아니며 판 후에도 네 마음대로 할 수가 없더냐 어찌하여 이 일을 네 마음에 두었느냐 사람에게 거짓말한 것이 아니요 하나님께로다"(행 5:3-4, 개정)

이러한 것은 영과 혼이 연합되지 않으면 절대 일어날 수 없는 일입니다. 왜냐하면 영과 혼이 분리된 상태에서는 영이 말한다고 해도 혼이 받을 수 없기 때문입니다. 영혼이 연합되어 있었기에 성령님이 말씀하셨을 때 혼이 이것을 깨달을 수 있었던 것입니다.

이것이 영혼이 온전히 하나 된 이분설적인 사람의 예입니다.

사도 바울 (행 13:6-11)

또 사도 바울을 통해서도 이것을 발견할 수 있습니다. 사도 바울이 전도 여행 중에 '바보'에 도착합니다. 그리고 거기에서 총독인 '서기오 바울'을 전도하려고 합니다. 이때 '바예수'라는 유대인 거짓 선지자가 나타나 복음을 전하는 것을 방해합니다.

"바울이라고 하는 사울이 성령이 충만하여 그를 주목하고 이르되 모든 거짓과 악행이 가득한 자요 마귀의 자식이요 모든 의의 원수여 주의 바른 길을 굽게 하기를 그치지 아니하겠느냐 보라 이제 주의 손이 네 위에 있으니 네가 맹인이 되어 얼마 동안 해를 보지 못하리라 하니 즉시 안개와 어둠이 그를 덮어 인도할 사람을 두루 구하는지라"(행 13:9-11, 개정)

사도 바울이 성령이 충만하여 바예수를 보고 말합니다.

"모든 거짓과 악행이 가득한 자요 마귀의 자식이요 모든 의의 원수여 주의 바른 길을 굽게 하기를 그치지 아니하겠느냐!"

바울은 성령이 충만하여 이렇게 말을 했다고 했습니다. 또한 사도 바울이 바예수를 향해 맹인이 되라고 명령했을 때 바로 그렇게 되었다고 했습니다.

이것은 혼의 명령만으로는 불가능한 것입니다. 성령이 하신 것입니다. 영에 계신 성령님이 바울의 혼에게 말씀하셨고, 바울의 혼이 이것을 받아 육체의 입으로 선포했을 때, 하나님의 권능이 나타나게 된 것입니다. 이 또한 영혼이 연합되지 않은 상태에서는 절대 일어날 수 없는 일입니다. 사도 바울 또한 영과 혼이 하나 된 이분설적인 사람의 대표입니다.

그렇다면 이들의 공통적인 특징은 무엇입니까? 바로 '성령하나님'입니다. 성령님이 이들의 영혼육의 온전한 통치자가 되신 것입니다. 이것이 이분설적인 사람과 삼분설적인 사람을 나누는 핵심인 것입니다. 그러나 이분설적인 사람이라도 다시 죄로 인해 성령이 근심하며 떠나게 된다면(살전 5:19), 영혼이 다시 분리됨으로 다시 삼분설적인 사람이 됩니다. 구원이 파기되는 것입니다(막 3:29). 영혼육은 고정된 것이 아니라 이렇듯 우리의 신앙에 따라 유기적으로 변화가 일어나는 것입니다.

삼분설의 이해

삼분설을 주장하는 사람들은 인간을 영 + 혼 + 육으로 설명합니다. 맞습니다. 인간은 영과 혼과 육으로 구성되어 있습니다. 하지만 모든 사람이 다 이렇게 단독적인 셋으로 구성된 것은 아닙니다. 이미 말씀드렸듯이 성령의 통치가 일어나면 그 사람은 이분설적인 사람(영혼+육)이 됩니다.

반면 삼분설적인 사람들은 이 '성령'이 없는 사람들입니다. 이들은 영이 아니라 '혼'이 자신을 지배하는 사람들입니다. 엄밀히 따지면 이런 사람들에게도 영은 있으나 그 영은 마비되고 죽어 있는 상태입니다. 구원의 말씀을 믿음으로 받아 심령을 통해 영의 문이 열려 성령님이 임재하지 않기 때문입니다. 이런 사람들의 영은 죽은 상태이기 때문에 '혼이 주도권을 쥐고' 이 땅 가운데 살아가는 것입니다. 그래서 성경은 이런 사람에 대해 '영혼'이라는 단어를 쓰지 않습니다.[32] 왜냐하면 영혼은 거

---

32) 번역상의 오류나 이분설과 삼분설에 대한 명확한 기준이 없기 때문에 혼란되게 써졌을 가능성은 있습니다.

듭난 자들에게 나타나는 특징이기 때문입니다.

'심령'이라는 단어도 마찬가지입니다. 믿지 않는 자에게는 이 단어를 절대로 쓰지 않습니다. 왜냐하면 우리가 복음을 듣고 믿음으로 받을 때 그때 생명의 말씀이 빛이 되어 마음보다 더 깊은 영역인 심령을 통해 영의 문을 열기 때문입니다. 예수님을 믿을 때에만 비로소 심령을 통해 영과 혼이 연결되기 때문입니다. 심령은 '영의 통로'이기 때문에 이 단어는 불신자에게는 쓰지 않는 것입니다. 그 대신 '마음'이라는 단어를 씁니다(창 8:21, 출 7:13). 물론 우리 믿는 자들도 마음이 있기 때문에 신자나 불신자나 구분하지 않고 마음이라는 단어를 쓰지만 심령이란 단어는 신자에게만 사용하는 언어입니다. '영혼'이란 말도 마찬가지입니다.

성경에는 이분설과 삼분설이 모두 나타납니다. 우리가 영혼육의 관점으로만 이것을 해석한다면 서로 대립하게 됩니다. 그러나 성경은 이 두 가지를 다 사용합니다. 서로 상호보완적이고 유기적이기 때문입니다. 성경에서 이분설과 삼분설을 나누는 기준은 '영혼육'이 아니라 '성령 하나님'이 기준이라는 것을 알아야 합니다. 이것이 이분설과 삼분설의 성경적인 관점입니다.

이제 더 깊은 문제 하나를 다루고자 합니다. '영과 혼'에 대한 것입니다. 이분설, 삼분설 모두 영과 혼에 대해 말하지만 각자 다른 시각의 차이가 있습니다. 여기서 영과 혼에 어떤 차이가 있는지에 대해 말씀드리고자 합니다.

혼의 역할, 영의 역할

대부분의 사람들이 영이라는 단어를 쓰지만 영의 실체가 무엇인지 아는 사람은 많지 않은 것 같습니다. 왜 하나님은 우리를 천사처럼 단순하게 영으로만 만들지 않고 영과 혼과 육을 분리해서 만들었을까요? 이것에 대해 이야기하고자 합니다.

하나님은 인간을 창조하실 때 영과 혼과 육으로 창조하셨습니다. 그러나 처음 창조하실 때는 삼분설이 아닌 이분설적으로 창조하셨습니다. 생기와 흙의 구조로 인간을 창조신 것입니다(창 2:7). 그러나 생기는 하나의 구조가 아니라 영과 혼의 구조로 되어 있습니다.

그렇다면 하나님은 왜 굳이 '영과 혼'을 구별하여 창조하셨을까?

그것은 바로 인간의 '자유의지' 때문입니다.

하나님은 인간을 창조할 때 하나님의 형상에 따라 지었습니다. 그분의 인성과 신성을 따라 지었고 이것을 영에 두셨습니다. 그런데 만약 이 영만으로 우리를 창조했다면 인간은 천사와 같은 동일한 존재가 되었을 것입니다. 천사는 영만으로도 존재하는 영체이기 때문입니다. 그러나 하나님은 인간을 만들 때 천사와 다르게 창조하셨습니다. 스스로 선택하고 판단할 수 있는 '자유의지를 가진 존재'로 창조하신 것입니다. 하지만 하나님은 이 자유의지를 영 안에는 두지 않으셨습니다. 왜냐하면 만약 하나님의 인성과 신성으로 이루어진 영에 자유의지를 둔다면, 거룩한 영의 작용으로 '자유로운 선택'[33]이 불가능해지기 때문입니다. '선택'이 아니라 영에 '속박'되기 때문입니다. 그래서 하나님은 이 자유의지가 스스로 온전한 기능을 발휘할 수 있도록 혼 안에 이것을 따로 두신 것입니다. 그래서 영의 주인이 하나님의 인성과 신성이라면 혼의 주인은 자유의지인 것입니다. 그렇게 창조하심으로 인간으로 하여금 완전한 선택을 가능케 하신 것입니다. 그리고 이 자유의지의 선택을 돕도록 하나님은 양심을 혼에 넣어 주셨습니다.[34] 또한 지정의를 혼에 넣으심으로 각 개인이 객체로서 다른 속성을 가질 수 있도록 하셨습니다.

이것이 하나님이 창조하신 혼의 모습입니다. 그러나 하나님은 천사는 영 자체로 단독적으로 살 수 있도록 창조하셨지만, 인간은 영이나 혼이나 육이 단독적으로 살아갈 수 없도록 창조하셨습니다. 영 + 혼 + 육이 합치된 상태에서만 살아가도록 창조하신 것입니다. 이것이 하나님이 창조하신 '인간의 시스템'입니다.

---

33) '선 뿐 아니라 악까지도 선택할 수 있는'
34) 양심은 영처럼 하나님의 기관은 아니지만, 선을 선택하도록 돕기 때문에 하나님의 기관과 비슷한 속성이 있습니다.

그리고 하나님은 이렇게 사람을 창조하시면서 기대하는 바가 있으셨습니다.

하와를 예로 들면, 사탄이 하와를 유혹할 때 하나님은 이것을 다 알고 계셨지만 그대로 두셨습니다. 사람에게 기대하는 바가 있으셨기 때문입니다. 이미 하나님은 영에 하나님의 인성과 신성을 넣어주셨기 때문에 하와는 하나님이 기뻐하시는 것이 무엇인지 이미 알고 있었고 양심의 도움을 통해 옳은 것을 선택할 수 있었습니다. 그래서 하나님은 사탄이 하와를 유혹할 때 그대로 두신 것입니다. 하와가 자신의 혼의 자유의지를 통해 하나님의 것을 선택하길 바라셨던 것입니다. 사실 아담과 하와는 이러한 삶을 살았었습니다. 그러나 사탄이 이들의 삶에 끼어 들어 유혹하자 옳지 못한 선택을 하고 만 것입니다. 하나님의 것이 아닌 사탄의 것(죄)을 선택함으로 타락이 일어난 것입니다. 이때 영과 혼의 분리가 일어난 것입니다. 영적인 죽음이 일어난 것입니다.[35]

처음 창조된 아담에게는 영이 활성화되어 있었습니다. 깨어 있었습니다. 그런데 혼이 죄로 물들자 거룩한 영과 혼이 단절된 것입니다.

불신자들의 영이 이런 상태로 있는 것입니다. 그런데 정작 이들은 자신의 영의 상태를 모른다는 것입니다. 이들의 영이 하나님에 대한 갈망

---

35) 영혼육 가운데 분리가 일어나면 죽음이 발생됩니다. 만약 영혼육에서 육이 분리되면 육체적인 죽음이 일어납니다. 반면 영혼육에서 영과 혼이 분리되면 영적인 죽음이 일어납니다. 육체의 죽음이 생명과 연관된 죽음이라면 영적인 죽음은 지옥과 연관된 죽음입니다.

으로 통곡하지만 이들은 이것을 인지하지 못하는 것입니다. 불신자들의 영과 혼은 분리되어 있기 때문에 단지 혼의 차원에서 뭔지 모를 불안감을 느끼며, 채워도 채워지지 않는 느낌만을 느낄 뿐입니다. 그래서 불신자들은 이것을 돈으로 명예로 학문으로 여러 가지 것들로 채워보려고 시도합니다. 그러나 결국 온전히 채워지지 않는다는 것만을 느낄 뿐입니다. 왜 그렇습니까? 이 갈망은 혼에서 나오는 것이 아니라 영에서 나오는 하나님을 향한 갈망이며 목마름이기 때문입니다. 영이 하나님(성령님)을 만날 때만 그 갈망이 해소되기 때문입니다.

이런 사람들이 '영 + 혼 + 육'의 구조를 가진 사람의 모습이며, 잠자는 죽은 영을 가진 사람들의 모습입니다.

이러하기에 우리는 성령님이 우리를 천국으로 인도하실 때까지 영과 혼의 연합을 이루고 있어야 합니다. 이것을 끝까지 유지해 나갈 때 온전한 구원이 이루어지는 것입니다. 또한 이렇게 죽음과 함께 육신을 벗고 영혼이 함께 천국에 가게 되면, 그 곳에서는 영이 더 활성화됩니다. '하나님의 영광으로' 영 안에 하나님의 인성과 신성이 더욱 더 활성화되기 때문입니다. 그리고 천국에서는 혼과 영이 완전한 연합을 이루어 떨어지지 않는 완전한 한 객체를 이룹니다. 혼의 더러운 것들이 다 제하여진 상태로 거룩한 영과 깨끗한 혼이 완벽하게 하나가 되는 것입니다. 그리고 하나님이 이러한 영혼에 신령한 몸을 다시 입혀 주심으로 온전한 부활체의 모습으로 천국에서 살아 가게 되는 것입니다. 이것이 이 땅에서 영혼의 연합을 이루며 산 사람들이 이루게 될 천국에서의 모습입니다.

반면, 영과 혼과 육의 삼분설의 모습으로 산 사람들은 결국 지옥으로 가게 됩니다. 이들에게도 영은 존재하지만 이들의 영은 이미 죽은 상태이기 때문입니다. 혼이 말씀을 통해 영을 깨워 성령님이 임하도록 허락하지 않기 때문에 성령님은 이러한 사람을 천국으로 이끌 수 없는 것입니다. 이것이 영적인 구원의 원리입니다.

그리고 결국 이런 사람들이 지옥에 갈 때는 이 세상에 살 때 혼과 벗한 육신의 감각이 혼에 입혀진 채 지옥으로 가게 됩니다. 이 육신의 감각을 통해 지옥의 고통을 그대로 느끼게 되는 것입니다. 이것이 혼과 육이 세상과 벗하며 산 죄의 결과입니다. 영을 깨우지 않은 혼과 육에 대한 하나님의 심판인 것입니다.

Part 3

악령의 영적 세계
'사탄의 공격'

1장

사탄의 공격과
믿는 자에게 주어진 영적 무기

앞 장에서 살펴본 인간의 영혼육은 영적세계에서 가장 치열한 전쟁이 일어나는 영적 전쟁터입니다. 특별히 인간의 '혼적인 부분'은 하나님과 사탄 사이에서 가장 강력하게 전쟁이 일어나는 곳입니다. 사탄의 공격이 바로 이 부분에서부터 시작되기 때문입니다.

이제부터는 사탄이 어떤 방식으로 우리의 혼적인 부분을 공격하는지 살펴보고자 합니다.

1. 악한 영들[36]의 공격 이해

먼저 악한 영들의 존재에 대해 말씀 드리겠습니다.[37]

사람들이 실제로 귀신(사탄)의 존재를 목격하는 경우는 흔치 않습니다. 그래서 귀신이 이 세상에 존재하지 않는다고 생각하는 사람들이 많습니다. 우리 교회 성도님 중에 귀신의 존재를 믿지 않는 분이 계셨습니다. "왜 믿지 않습니까?" 물었더니 본 적이 없기 때문이라고 대답했습니다. 더 이상 이야기할 수가 없었습니다. 왜냐하면 귀신을 실제 보여 줄

---

36) 사탄, 마귀, 귀신을 총칭하는 단어입니다. 그러나 경우에 따라서 '사탄'(하나님의 대적자)이라는 단어 또한 악한 영과 같은 총칭어로 사용할 것입니다.
37) 악한 영들에 관한 구체적인 지식들은 제 2권 '악령의 영적 세계'에서 보다 더 상세하게 다룰 것입니다.

수 없었기 때문입니다. 만약 사람들이 길을 갈 때 신호등 옆에 귀신이 서 있는 것을 볼 수 있다면 당연히 귀신의 존재를 믿을 것입니다. 또 죽은 시체 옆에 귀신이 앉아 있는 것을 볼 수 있다면 당연히 귀신의 존재를 믿을 것입니다. 하지만 어디를 보아도 귀신의 존재는 보이지 않습니다. 간혹 귀신을 보았다고 말하는 사람들도 있지만, 정작 자신은 본 적이 없으니 귀신의 존재를 믿기가 어렵습니다. 겨우 전설의 고향이나 놀이공원 같은 곳에서 귀신의 모습(?)을 볼 뿐입니다. 그래서 귀신의 존재를 믿는 것이 쉽지 않습니다. 그러나 이것이 바로 귀신의 방식입니다. 귀신은 "내가 귀신이다!"라는 식으로 스스로 자신의 정체를 드러내지 않습니다. 사람을 공격할 때도 숨어서 모르게 합니다. 그래서 사람들은 자신이 공격을 당하면서도 이것이 사탄의 공격인지 조차 알지를 못합니다.

성경에 실제 이런 예가 나옵니다.

예수님께서 제자들에게 이렇게 말씀하셨습니다.

"이제 나는 예루살렘으로 올라간다. 그곳에서 장로들과 대제사장들과 서기관들에게 많은 고난을 받고 죽게 될 것이다. 그러나 나는 삼일 만에 살아나리라"

그러자 베드로가 "주님 안 됩니다! 절대로 이런 일이 주님께 일어나서는 안 됩니다!" 라고 항변합니다. 그러자 예수님이 베드로에게 이렇게 말씀하십니다.

"사탄아, 내 뒤로 물러가라. 너는 나에게 걸림돌이다.

너는 하나님의 일을 생각하지 않고, 사람의 일만 생각하는구나!"

(마 16:23, 새번역)

이것이 예수님께서 베드로에게 하신 말씀입니다. 베드로가 사탄이기 때문에 예수님이 이런 말씀을 하신 것일까요?

아닙니다.

이 말은 베드로에게 한 것이 아니라 베드로를 유혹한 사탄에게 한 말입니다. 베드로가 사탄에게 유혹을 당했기 때문에 예수님이 이런 말을 한 것입니다. 그런데 정작 베드로는 자신이 사탄의 유혹을 받아 이런 말을 했다는 것조차 상상하지 못했다는 것입니다.

이것이 사탄의 공격 방법인 것입니다.

만약 사탄이 "내가 사탄이다"하며 정체를 드러내 놓고 공격한다면 누가 이 말에 넘어가겠습니까? 그래서 '실제' 사탄이 우리를 공격한다면 우리는 대부분 베드로처럼 다 넘어갑니다. 왜냐하면 사탄이 숨어서 교묘하게 우리를 공격하기 때문입니다.

얼마 전 내가 만난 친척 분도 이런 분이었습니다. 귀신의 존재를 인정하지 않는 분이었습니다. 이 분은 당연히 자신 안에 귀신이 숨어 있을 것이라는 것을 인정하지 않았습니다. 사실 이런 사람들을 대상으로 기도하면 별 큰 효과가 없습니다. 믿음이 없기 때문입니다. 그러나 아내의 요청이 있기 때문에 함께 기도하게 되었습니다. 내가 그 분에게 한 것은 안수하며 귀신을 쫓아내는 기도를 한 것이 전부였습니다. 역시 귀신의 정체는 드러나지는 않았습니다. 그런데 몇 주후에 그 분이 아내에게 이런 이야기를 해 주었습니다.

오랫동안 손마디의 관절이 아파 '병원에 가서 루머티스 약을 받아 먹어야 하나' 고민을 했답니다. 그런데 기도를 받고 거짓말처럼 모든 통증이 사라졌다는 것입니다. 내가 한 것이 무엇이었습니까? 단지 귀신을 쫓는 기도만 했을 뿐입니다. 그런데 치유가 일어난 것입니다. 이 분은 손마디의 고통이 귀신 때문이라는 것을 상상도 못했습니다. 그러나 대적 기도를 하자 귀신이 도망갔고 그 통증이 치유가 된 것입니다.

귀신은 이렇게 자신의 정체를 드러내지 않고 숨어서 공격합니다.
많은 사람들이 재정적인 문제나, 질병의 문제나, 인간관계의 문제들 가운데 귀신의 공격이 있다는 것을 잘 모릅니다. 이뿐 아니라 귀신이 감정적인 문제들과 정신적인 문제들, 심지어 사람의 죽음에 까지도 관여하고 있다는 것을 잘 모릅니다. 하지만 우리가 이것을 알든 모르든, 인정하든 안하든 상관없이 귀신의 공격은 우리가 상상하는 것보다 훨씬 더 광범위한 영역에서 이루어지고 있습니다. 그래서 사도 베드로가 이렇게 말한 것입니다.

> "근신하라 깨어라 너희 대적 마귀가 우는 사자 같이 두루 다니며 삼킬 자를 찾나니 너희는 믿음을 굳건하게 하여 그를 대적하라."[38]
>
> (벧전 5:8-9, 개정)

사탄은 은밀하고 치밀하게 우리를 공격합니다.

사도 베드로가 사탄을 우는 사자로 표현한 것은 아주 적절하다고 생각합니다. 배가 부른 사자는 소리를 지르지 않습니다. 세렝게티 초원에서 편안하게 쉽니다. 반면 짜증나고 배가 고플 때는 으르렁거리며 사냥을 시작합니다. 그러나 아무리 동물의 제왕이라 할지라도 먹이를 향해 "내가 사자다"하면서 나타나지 않습니다. 어둠 속에서 공격을 하는 것입니다. 사자는 야행성이기 때문에 밤의 어둠 속에 자신을 감추고 사냥을 합니다. 먹이가 포착되면 몸을 더 낮추고 먹잇감이 눈치 채지 못하도록 조용히 접근합니다. 이때 사자는 바람의 방향까지도 계산합니다. 자신의 냄새를 먹잇감이 알아채지 못하도록 말입니다. 그리고 가장 근접한 거리까지 접근했을 때 발톱을 드러내고 그 먹이를 낚아챕니다. 순간적으로 달려들어 목을 물어뜯어 숨통을 끊습니다.

---

38) "마음을 강하게 하고 늘 주의하십시오. 원수 마귀가 배고파 으르렁거리는 사자처럼 먹이를 찾아 돌아다니고 있습니다. 마귀에게 지지 말고 믿음에 굳게 서 있기 바랍니다."(벧전 5:8-9, 쉬운)

사탄도 동일하게 이렇게 우리를 사냥합니다. 특별히 우리는 양(요 10:27)이고 사탄은 사자인데 어떤 식으로 공격해 오는지 조차 모른다면 그 양이 어떻게 되겠습니까?

이것이 사탄이 어떤 방식으로 우리를 공격하는지 알아야 되는 이유입니다. 이것을 알 때 우리는 주님의 권세로 정확히 사탄을 대적하여 물리칠 수 있게 되는 것입니다.

악한 영(귀신)의 첫 번째 공격 통로 : 생각

성경의 많은 부분에서 '어둠의 악한 권세'에 대해 말하고 있습니다. 예수님께서는 악한 영의 존재를 '귀신'이라고 명하셨습니다.[39] 예수님께서 무덤가를 헤매고 있는 사람에게 "더러운 귀신아! 그 사람에게서 나오라!(막 5:8)"고 하셨습니다. 또한 질병을 잡고 있는 어둠의 악한 영에게 무어라 말씀하셨습니까?

바로 "귀신"이라고 칭하셨습니다.

"예수께서 무리가 달려와 모이는 것을 보시고 그 더러운 귀신을 꾸짖어

---

39) 악한 영은 사탄, 마귀, 귀신을 다 포함하지만 예수님이 말씀하신 악한 영은 그 기질상 사람의 육체 안에 들어갈 수 있는 속성을 가진 '귀신'을 말합니다.

이르시되 말 못하고 못 듣는 귀신아 내가 네게 명하노니 그 아이에게서 나오고 다시 들어가지 말라"(막 9:25, 개정)

예수님께서는 질병, 장애, 저주, 모든 더러운 것에 묶여 고통당하고 있는 하나님의 백성들을 치료하실 때 "귀신아! 떠날지어다"라고 말씀하셨습니다. 특별히 이런 귀신들은 사람 안에 침투해 들어와 문제를 일으키면서 서서히 삶을 파괴해 나갑니다. 그러나 귀신은 처음부터 우리를 이렇게 할 수는 없습니다. 왜냐하면 우리가 공격의 통로를 열어 주지 않는다면 귀신은 우리 안에 들어올 수 없기 때문입니다. 그래서 사탄(귀신)이 가장 먼저 하는 일이 이 공격 통로를 확보하는 것입니다. 그러기 위해 사탄이 가장 먼저 우리의 '혼의 영역인 생각'을 공격하는 것입니다. 생각에 죄를 집어 넣어 침투할 통로를 확보하는 것입니다.[40]

사탄은 하와를 공격할 때도(창 3:1-5), 가룟 유다를 공격할 때도 이렇게 했습니다.

"마귀가 벌써 시몬의 아들 가룟 유다의 마음에 예수를 팔려는 생각을 넣었더라"(요 13:2, 개정)

---

40) 물론 사탄은 또다른 방법으로도 우리를 공격할 수 있습니다. 이것에 대해서는 제 2권의 '악령의 영적 세계'에서 더 깊게 다룰 것입니다. 그러나 사탄의 대부분의 공격은 이 '생각'에서부터 시작합니다.

사탄은 첫 번째로 '생각을 통해' 우리를 공격합니다.

그러나 사탄이 생각을 넣어 줄 때 우리가 이것을 구분하기 어려운 것은 마치 그것이 자기 생각처럼 느껴지도록 만들기 때문입니다. 그 생각에 문제가 있다는 것을 눈치 채지 못하도록 교묘하게 꼬아서 넣어 주기 때문입니다.

사탄이 이렇게 했기 때문에 베드로도 꼼짝없이 당한 것입니다. 베드로의 말을 다시 한 번 보겠습니다.

> "베드로가 예수를 붙들고 항변하여 이르되 주여 그리 마옵소서 이 일이 결코 주께 미치지 아니하리이다" (마 16:22, 개정)

베드로의 이 말에 무슨 잘못된 문제가 있습니까? 만약 베드로가 이 생각이 사탄이 준 생각이라는 것을 알았더라면 절대 이런 말을 하지 않았을 것입니다. 베드로조차도 본인의 생각으로 느껴지도록 사탄이 교묘하게 공격한 것입니다.[41]

사탄이 이러한 방식으로 우리를 공격한다면 우리가 어떻게 이것을 구분하겠습니까?

---

41) 예수님은 고난과 부활의 말씀을 통해 하나님의 뜻이 이루어질 것을 예언하셨습니다. 그러나 베드로는 하나님의 뜻이 아니라 예수님이 죽게 되었을 때 자신에게 닥치게 될 '사람의 일'에 집중했습니다. 사탄이 베드로의 생각을 이렇게 조종한 것입니다.

그래서 하나님은 이런 연약한 우리를 돕기 위해 '보혜사[42] 성령님을 보내 주신 것입니다.

그러나 우리는 성령님을 통하지 않더라도 '기본적인 사탄의 공격'은 구분할 수 있습니다.

그것은 지금 '내 생각이 무엇에 집중하고 있느냐'를 통해 판단할 수 있습니다. 더러운 생각, 죄 된 생각, 음란한 생각, 타락한 생각들이 자꾸 떠오른다면 이런 사람은 사탄의 공격을 받고 있는 중입니다. 성령님이 아니더라도 이러한 생각의 흐름을 통해 사탄의 공격을 파악할 수 있는 것입니다.

그런데 만약 이러한 것이 생각에만 머무르지 않고, 마음에까지 확장된다면 어떨까요? 예를 들어 음란한 생각들이 더 진행되어 음란한 것을 보고 행동에까지 나오게 되는 상태라면 사탄의 공격은 어디까지 진행된 것일까요?

이때는 사탄의 공격이 더 깊어진 상태로 이제 귀신이 그 통로를 통해 침입할 수 있는 단계에까지 이른 상태입니다. 음란이든, 죄이든, 타락이든, 우상숭배든 다 침투 방법은 같습니다. 죄와 더러운 것들이 마음에

---

42) 보혜사이신 성령은 우리가 예수 그리스도를 주님으로 모셔 들이면 보내주시겠다고 약속하신 하나님의 영입니다. 예수의 영이라고도 합니다. 성령은 다른 보혜사라고도 하는데 이는 예수님이 원 보혜사이시기 때문입니다. 그러므로 성령은 신자들에게 예수님 당시에는 제자들에게 예수님이 계셔서 인도하시고 지키시고 가르치신 것처럼, 오늘날에는 믿는 신자들을 보호하시고 인도하시고 지키시고 구원의 보증이 되시려고 오신 또 다른 예수님 같은 분입니다(네이버지식백과 '성령').

새겨지고, 그것이 행동에까지 나갈 정도가 되었다면 귀신이 그 사람 안에 들어와 집을 지을 정도까지 된 것입니다. 귀신은 이러한 통로를 통해 침투하여 그 사람 안에 집을 짓고 지배해 나가는 것입니다(눅 22:3). 이것이 사탄의 공격 원리입니다.

살인의 예시를 통해 보는 악한 영들의 공격 방법

이제 '살인'에 대한 예시를 통해 사탄이 어떻게 사람을 파괴해 가는지 설명해 드리겠습니다.

사탄은 처음부터 사람으로 하여금 살인이나 자살을 하게 할 수는 없습니다. 귀신에게는 그럴 권리가 없습니다. 그래서 귀신은 이것을 이루기 위해 서서히 우리 안으로 침투해 들어오면서 그 권리를 획득해 갑니다. 이게 사탄의 공격 방식입니다.

처음 사탄의 모든 공격은 '사소한 것'으로부터 시작합니다. '생각'이 그 출발점입니다.

에베소서 4장에 이런 말씀이 있습니다.

> "분을 내어도 죄를 짓지 말며 해가 지도록 분을 품지 말고 마귀에게 틈을 주지 말라" (엡 4:26-27, 개정)

살다보면 가정에서나, 직장에서나, 혹은 인간관계에서 화나는 일을 만나게 됩니다.

그러나 '화' 자체가 문제가 되는 것은 아닙니다.[43] 누군가 나를 무시하고 함부로 대한다면 화가 나는 것은 당연한 것입니다. 자기를 보호하고자 하는 본능적인 반응이기 때문입니다. 그래서 성경도 "분을 내어도"라고 말하는 것입니다. 분(화)이 날 수 있다는 것입니다. 단 그것 때문에 '죄는 짓지 말라'고 명령합니다.

누군가 나를 속상하게 하고 무시하고 함부로 대하면 화가 납니다. 그때 일반적으로 드는 생각이 무엇입니까?

'섭섭하고 서운한 생각'입니다.

이때 '이 생각의 처리를 어떻게 하느냐'가 영적 전쟁의 핵심이 됩니다. 더러운 생각, 죄 된 생각, 타락한 생각 등도 마찬가지입니다. '생각의 처리'가 영적 전쟁의 결과를 다르게 만드는 것입니다.

누구나 화가 나면 이런 섭섭하고 서운한 생각을 가질 수 있습니다. 그런데 하나님은 이럴 때 우리가 어떻게 하길 바라실까요?

하나님은 나를 이렇게 만든 사람에 대해 '용서'하길 원하십니다. 원수를 사랑하고 오히려 자기를 핍박하는 자를 위해 기도하길 원하십니

---

43) 물론 '온전한 성령의 통치하심'을 받기 위해서는 이러한 화조차도 절제할 수 있는 수준으로 영적 성장이 이루어져야 합니다. 이렇게 '혼과 육체에서도 성령의 열매가 맺어질 때 이런 사람들을 통해 하나님의 권능이 흘러나오기 때문입니다. 이 부분은 제1권 '성령의 영적 세계'에서 더 상세히 다뤄질 것입니다.

다(마 5:44). 오히려 축복해 주는 것입니다.

하지만 화가 나고 섭섭하고 서운한 생각이 들 때, 이렇게 한 사람을 용서하고 축복한다는 것은 쉬운 것이 아닙니다. 그러나 성경은 이러한 생각이 든다할지라도 '해가 지도록 분을 품지 말라'(엡 4:26)고 명령합니다.

왜 그럴까요? 이런 생각을 통해 마귀가 틈타기 시작하기 때문입니다(엡 4:27).

만약 우리가 힘들고 어렵지만 하나님 때문에 그 사람을 용서하고 축복해 준다면, 사탄은 더 이상 우리의 생각을 통해 공격할 수 없게 됩니다. 우리의 생각을 하나님의 말씀에 복종시킴으로 사탄의 공격이 차단되기 때문입니다. 그러나 말씀을 무시하고 '섭섭하고 서운한 생각'을 버리지 않는다면 서서히 이 틈으로 마귀가 공격을 하는 것입니다.

생각을 계속해서 집어넣는 것입니다.

"어떻게 나에게 그럴 수 있어!"

"내가 그렇게 믿었건만"

그리고 섭섭하고 서운한 것을 자꾸 떠오르게 합니다. 이러면서 섭섭하고 서운한 생각들이 미움으로 분노의 감정으로 바뀌게 하는 것입니다. 우리가 이러한 마음을 버리지 않는다면 사탄의 공격은 집요하게 계속됩니다. 이제 이 결과로 내가 싫어하는 그 사람이 가까이 있는 것조차 싫어집니다. 말투도 싫어집니다. 걸음걸이도 싫어집니다. 웃음소리까지 싫어집니다. 서운함을 넘어 미움의 단계로 분노의 단계로 적개심, 원망의 단계로 넘어가는 것입니다. 만약 우리 가운데 누군가에 대해 이런 감정들이 있다면 이것은 이미 마귀가 틈타고 있다는 증거입니다. 우리의 감정과 마음을 사탄이 지배하도록 허용한 상태인 것입니다.

물론 우리가 오히려 피해자일 수 있습니다. 그러나 더 중요한 것은 귀신은 누가 가해자인지 피해자인지 대해 전혀 관심이 없다는 것입니다. 귀신의 관심은 '오로지 상처'[44]입니다. 이 안을 파고 듭니다. 왜냐하면 상처 안에는 귀신이 좋아하는 미움과 분노와 원망과 적개심과 복수심이 들어 있기 때문입니다. 나는 많은 오래된 상처에서 귀신들을 뽑아냈습니다. 상처를 가진 사람들은 피해자였습니다. 그러나 귀신은 피해자와 가해자를 따지지 않는다는 것입니다.

그래서 예수님은 조건을 두지 않고 '용서하라'고 명령하신 것입니다. 만약 내가 누군가를 미워하고 있다면 그 분이 어떤 행동을 했던 하나님 때문에 용서하십시오. 그리고 그 사람이 나의 원수일지라도 그 사람이 잘 되도록 기도하십시오. 그 사람의 직장을 축복하고 그 사람의 가정을 축복하고 그 사람의 미래를 축복해 주십시오. 이것이 원수 사랑입니다. 힘이 듭니다. 어렵습니다. 이때 예수님을 기억하십시오.

최후의 만찬을 인도하신 예수님은 수건을 허리에 두르고 제자들의

---

44) 귀신은 상처, 죄, 쓴뿌리, 우상숭배와 같이 하나님과 반대되는 속성을 좋아합니다. 그리고 이러한 것들이 해결되지 않은 상태로 오랫동안 방치된다면, 귀신은 사람 안의 이러한 것들에 침투하여 집을 짓고 거하게 됩니다.

발을 손수 씻기셨습니다. 그러나 성경 어디에도 12제자 중 예수님을 팔 가룟 유다만 빼고 발을 씻어 주었다는 내용이 없습니다. 예수님은 이제 곧 자신을 팔기 위해 달려갈 가룟 유다의 발도 정성스럽게 씻어 주셨습니다. 만약 내 주위에 이런 원수 같은 사람이 있다면 예수님의 마음으로 품으십시오. 나에게 한 행동을 생각하면 피가 거꾸로 솟구치며 도저히 용서가 안 되는 사람도 있을 것입니다. 그때도 예수님의 이 모습을 생각하십시오.

또 예수님은 채찍에 맞으시고 사람들로부터 조롱을 당하시며 십자가에 못 박히셨습니다. 손과 발에 못이 박히셨을 때는 끊어진 혈관에서 피가 '줄줄' 새셨습니다. 그런데 이런 가장 고통스러운 순간에 예수님은 이렇게 기도하셨습니다.

"아버지! 이들을 용서하여 주소서. 이 사람들은 자신들이 하는 일이 무슨 일인지 몰라서 이렇게 하는 것입니다(눅 23:34)."

이런 예수님을 기억한다면 우리 중에 누구도 용서 못할 사람들이 없을 것입니다.

만약 우리가 힘들고 어렵더라도 예수님의 이 십자가의 길을 따른다면, 어떤 사탄의 궤계도 우리를 무너뜨릴 수 없습니다. 틈이 없기 때문입니다! 성령으로 인해 영적 권세가 흘러넘치기 때문입니다!

그러나 끝까지 용서를 거부하고 계속해서 미움과 원망과 적개심과 복수심을 품는다면 어떻게 될까요?

그렇다면 이제 이러한 것들을 통해 침투하여 그 사람 안에 집을 짓고 똬리를 튼 귀신이 감정을 자극하는 정도를 넘어서 죄를 짓도록 유도합니다. 감정이 행동으로까지 나타나게 하는 것입니다. 해결되지 않는 분노의 감정을 가진 사람을 분노의 사람이 되게 하여 작은 것에도 쉽게 폭발을 하게 만드는 것입니다. 또 귀신이 통제할 수 없는 분노를 일으킴으로 폭력적인 사람이 되게도 합니다. 또 어떤 경우는 술을 통해 감정을 풀도록 유도하여 술로 인한 2차 3차의 또 다른 죄를 일으키도록 합니다. 하지만 많은 사람들은 이것이 귀신이 일으켰다고 보지 않고 이러한 행동을 기질이나 성격의 문제라고 치부합니다. 그러나 이것을 그대로 방치할 경우 극단적인 경우 살인의 모습으로까지 나타나게 되는 것입니다.

자신이 통제할 수 없을 만큼 분노와 폭력의 사람이 되었을 때 이런 살인으로까지 이어질 수 있게 되는 것입니다.

사람은 처음부터 살인을 하지 않습니다. 처음부터 살인자는 없습니다.

처음에는 작은 것에서부터 출발합니다.

섭섭한 생각에서 출발할 수도 있고, '뭐 별 것도 아닌데', '남들도 다 하잖아'하면서 시작할 수도 있습니다. 그러나 생각을 통해 통로가 열리고, 사탄이 계속해서 더 죄를 짓도록 자극하며 사탄의 지배를 허용하면, 이제 행동으로 죄가 나오게 되는 것입니다. 음란이 성폭행으로 나올 수 있고, 호기심이 중독에까지 이를 수 있으며, 분노가 살인으로 나올 수 있는 것입니다.

우리는 성경을 통해서도 이러한 예를 찾을 수 있습니다.

사울은 다윗에 대해 시기와 질투심을 가졌습니다.[45] 사울이 처음 가진 것은 단지 '다윗을 주목하는 것'(삼상 18:9)이었습니다. 이것을 단지 생각 속에 담아 둔 것입니다. 그러나 시간이 가면서 이것을 시기심과 질투심으로 마음에 담습니다.

물론 우리도 이러한 마음을 가질 수 있습니다. 그런데 이런 마음을 가졌던 사울에게 악령이 침투했을 때는 어떤 일이 일어났습니까?

> "그 이튿날 하나님께서 부리시는 악령이 사울에게 힘 있게 내리매 그가 집 안에서 정신없이 떠들어대므로 다윗이 평일과 같이 손으로 수금을 타는데 그 때에 사울의 손에 창이 있는지라 그가 스스로 이르기를 내가 다윗을 벽에 박으리라 하고 사울이 그 창을 던졌으나 다윗이 그의 앞에서 두 번 피하였더라"(삼상 18:10-11, 개정) "사울이 손에 단창을 가

---

45) "여인들이 뛰놀며 노래하여 이르되 사울이 죽인 자는 천천이요 다윗은 만만이로다 한지라 사울이 그 말에 불쾌하여 심히 노하여 이르되 다윗에게는 만만을 돌리고 내게는 천천만 돌리니 그가 더 얻을 것이 나라 말고 무엇이냐 하고 그 날 후로 사울이 다윗을 주목하였더라"(삼상 18:7-9, 개정)

지고 그의 집에 앉았을 때에 여호와께서 부리시는 악령이 사울에게 접하였으므로 다윗이 손으로 수금을 탈 때에 사울이 단창으로 다윗을 벽에 박으려 하였으나 그는 사울의 앞을 피하고 사울의 창은 벽에 박힌지라 다윗이 그 밤에 도피하매"(삼상 19:9-10, 개정)

사울 왕은 창으로 다윗을 죽이려 합니다. 사울 왕은 평소에도 다윗에 대해 시기심과 질투심이 있었습니다. 그러나 그때는 아무 일도 일어나지 않았습니다. 그런데 악령(귀신)이 사울을 강력하게 지배하자 다윗을 죽이려 합니다. 악령이 사울 안에 있던 시기심과 질투심을 자극하여 그것이 행동으로 나오게 하는 것입니다. 다윗을 살인하도록 유도를 하는 것입니다.

우리 안에 이렇게 죄 된 것들, 타락한 것들, 더러운 것들이 많을 때, 사탄은 우리를 지배하기 쉬워집니다. 이것들을 통해 우리를 무너뜨리는 것입니다.

사탄은 하나님의 대적자입니다. 그러나 사탄은 하나님께 직접 대적할 능력이 없습니다. 그래서 사람을 사탄의 도구로 세워 하나님을 대적하는 것입니다. 적그리스도, 거짓선지자, 우상숭배자, 이단자, 점을 치는 자, 주술사, 죄를 퍼뜨리는 자, 살인을 행하는 자들과 같은 사람들이 하나님을 대적하는 사탄의 도구들로 사용되는 것입니다. 그러나 사탄의 이들에 대한 공격도 처음에는 사소한 생각으로부터 시작되었습니다. 생각이 열리자 마음을 지배하기 시작했고, 행동을 지배하기 시작한 것입니다. 이것이 바로 사탄의 공격 원리인 것입니다.

그러므로 우리는 이런 마귀의 궤계를 알아(엡 6:11) '생각의 단계'에서부터 죄 된 것들을 적극적으로 끊어나가야 합니다. 이렇게 할 때 사탄이 처음부터 우리에게 틈을 탈 수가 없는 것입니다(엡 4:27). 이와 더불어 말씀과 기도를 통해 늘 거룩함을 유지해 나가야 합니다.[46] 죄 된 것들을 끊어 나가며 거룩함을 유지해 나갈 때 하나님의 전신갑주가 입혀지고 사탄의 공격에 능히 대적할 수 있게 되기 때문입니다(엡 6:13).

이제 이런 사탄의 궤계를 알고 공격 방법을 알았다면 우리는 어떻게 이런 악한 영들과 대적하며 싸워야 할까요?

---

46) "하나님의 말씀과 기도로 거룩하여짐이라"(딤전 4:5, 개정)

2. 우리에게 주어진 영적 무기

믿는 자에게 이미 주어진 영적 능력

설교 시간에 성도들에게 물은 적이 있습니다.

"만약 내가 사탄과 싸운다면 누가 이길까요?"

그러자 성도님들은 목사인 내가 이긴다고 이야기 했습니다. 하지만 나는 이렇게 말씀 드렸습니다.

"저는 절대로 이길 수 없습니다. 왜냐하면 사탄은 우는 사자(벧전 5:8)이고 나는 양(요 10:27)이기 때문입니다. 양은 절대로 사자를 이기지 못합니다."

이것이 현실입니다. 사탄과 맞붙어 싸운다면 우리는 절대로 이기지 못합니다. 그러나 양이 무기를 가지게 된다면 사자를 이길 수 있습니다. 하나님이 예수 그리스도를 통해 이 양들에게 영적인 무기를 주신 것입니다!

"우리를 거스르고 불리하게 하는 법조문으로 쓴 증서를 지우시고 제하여 버리사 십자가에 못 박으시고 통치자들과 권세들을 무력화하여 드러내어 구경거리로 삼으시고 십자가로 그들을 이기셨느니라"[47](골 2:14-15, 개정)

예수님은 십자가를 통해 사탄의 세력을 무력화시켰고, 십자가로 그들을 이기셨습니다.

그래서 우리가 사탄과 직접 싸우면 이기지 못하지만 예수님의 권세로 싸우게 될 때 상황이 달라집니다. 예수님의 이름으로 대적하면 우리가 무서워서가 아니라 예수님의 권세 때문에 사탄이 도망치는 것입니다(약 2:19, 4:7). 이것이 예수님이 십자가를 통해 우리에게 주신 영적인 권세입니다! 이런 연유로 신약성경에는 구약에 없는 "마귀를 대적하라 그러면 너희를 피하리라(약 4:7)"는 말이 나타나기 시작하는 것입니다. 또한 전신갑주를 입고 통치자들과 권세자들과 이 어두움의 세상 주관자들과 하늘에 있는 악한 영들에 대해 싸우라고 하는 것입니다(엡 6:12).

우리 힘이 아니라 예수 그리스도의 권세로 싸우라는 것입니다! 사탄이 주는 고난과 질병과 어려움을 예수 그리스도의 권세로 물리치라는

---

47) "우리는 하나님과의 약속을 깨뜨림으로써 하나님께 빚을 지게 되었습니다. 우리가 어기고따르지 않은 율법들이 낱낱이 기록되어 있지만, 하나님께서는 그 빚을 그리스도의 십자가에 함께 못 박아 깨끗이 없애 주셨습니다. 이렇게 하여 하나님께서는 세상의 주권과 능력을 꺾으시고, 온 세상 사람들에게 십자가를 통한 승리를 보여 주셨습니다."(골 2:14-15, 쉬운)

것입니다. 십자가에서 승리하신 예수 그리스도의 이름 안에 놀라운 권세가 있기 때문입니다!

우리에게 주어진 강력한 영적 무기 : '예수 그리스도'

사도 베드로는 우리에게 영적 전쟁에 관한 중요한 지침을 주고 있습니다.

> "마음을 강하게 하고 늘 주의하십시오. 원수 마귀가 배고파 으르렁거리는 사자처럼 먹이를 찾아 돌아다니고 있습니다. 마귀에게 지지 말고 믿음에 굳게 서 있기 바랍니다. 온 세상의 모든 성도들도 여러분과 같은 고난을 겪고 있습니다."[48] (벧전 5:8-9, 쉬운)

사도 베드로는 원수 마귀가 배고파 으르렁거리며 우는 사자처럼 먹이를 찾아 돌아다니고 있다고 말합니다. 마귀는 이렇듯 먹잇감을 찾아다니다 '생각을 넣어 줄 자가 포착되면 접근하는 것입니다. 마귀가 처음부터 아무런 이유 없이 그 사람의 통치자가 될 수 없으므로 생각을

---

48) "근신하라 깨어라 너희 대적 마귀가 우는 사자 같이 두루 다니며 삼킬 자를 찾나니 너희는 믿음을 굳건하게 하여 그를 대적하라 이는 세상에 있는 너희 형제들도 동일한 고난을 당하는 줄을 앎이라"(벧전 5:8-9, 개정)

통해, 혹은 미혹을 통해 길을 열려고 하는 것입니다. 부정적인 생각, 악한 생각, 더러운 생각, 음란한 생각, 교만한 생각, 죄 된 생각들을 주입하여 자신이 침투할 수 있는 통로를 확보하려고 하는 것입니다. 그러나 우리가 유의해야 할 것은 사탄이 우리에게 죄의 생각들을 넣을 때는 고통이 아니라 오히려 쾌락과 즐거움, 이익을 넣어 유혹한다는 것입니다.[49] 그렇기 때문에 사람들이 쉽게 넘어 가는 것입니다.

그러므로 우리 성도들은 '사소한 죄'라도
"뭐 별 거 아닌데 뭐"
"남들도 다 이렇게 하잖아"
"아무도 보는 사람도 없는데 뭐"
"누이 좋고 매부 좋고" 하면서 그냥 넘어가면 안 됩니다. 사탄의 공

---

49) 성경에 보면 사탄이 가룟 유다에게 '예수를 팔 생각'을 넣었다고 했습니다(요 13:2). 그러나 믿는 사람에게 이런 생각이 들어왔다면 감히 예수님을 팔려고 생각을 했겠습니까? 그렇다면 어떻게 해서 유다는 이것을 받아들인 것일까요? 유다는 예수를 판다는 죄책감보다 '예수를 통해 돈을 벌 수 있다'는 사탄의 유혹에 넘어간 것입니다. 사탄은 이미 가룟 유다 안에 탐심이 있다는 것을 알았습니다. 탐심이 있었기에 돈궤에서 돈을 훔친 것입니다. 유다는 어느 때부터 예수님보다 자신의 탐심을 채우는 것이 더 중요했습니다. 사탄은 이것을 안 것입니다. 그리고 예수를 팔도록 생각을 넣은 것입니다. 사탄이 생각을 넣으면서 목적했던 것은 예수님을 판다는 죄책감보다 '예수님을 팔 때 얻는 이익(돈)에 집중하길 바랐습니다. 역시나 가룟 유다의 탐심이 그것을 붙잡은 것입니다. 그래서 가룟 유다는 대제사장들과 성전 경비대장들에게 예수를 팔 때도 '돈'에 대해서 절대 잊지 않고 요구한 것입니다(눅 22:4-5). 사탄은 이렇게 우리의 약점을 파고들어 공격합니다. 재물에 약하면 재물로 유혹하며 오히려 재물을 부어주는 것입니다. 권력에 약하면 권력자들을 더 붙여 주는 것입니다. 성에 약하면 음란한 환경을 더 조성해 주는 것입니다. 자신의 필요가 채워진다는 느낌, 이익이 생긴다는 생각, 즐거움과 쾌락을 선물로 주며 유혹하는 겁니다.

격이 숨어 있을 수 있기 때문입니다.

그러므로 믿는 자들은 늘 성령 안에서 분별하며 생각을 차단하고 제한하는 훈련을 해 나가야 합니다. 생각이 어디에서 오는 것인지를 성령께 묻고 또 물으면서 날마다 성결한 삶을 살도록 노력해야 합니다. 이렇게 할 때 성령의 임재가 더 강하게 일어남으로 우리에게 '마귀를 대적할 능력'이 생기는 것입니다. 또한 이때부터 성령의 기름 부으심과 영적 전신갑주로 인하여 '마귀의 공격이 멈춰지는 것'입니다. 악한 영들이 이런 사람에게는 쉽게 접근조차 못하는 것입니다. 이미 이런 사람에게는 '예수님의 강한 영적 권세'가 주어졌기 때문입니다. 그러나 이러한 영적인 권세가 없는 상태에서 귀신을 대적하면 문제가 생길 수 있습니다. 스게와의 일곱 아들이 이러한 예입니다.

> "하나님이 바울의 손으로 놀라운 능력을 행하게 하시니 심지어 사람들이 바울의 몸에서 손수건이나 앞치마를 가져다가 병든 사람에게 얹으면 그 병이 떠나고 악귀도 나가더라 이에 돌아다니며 마술하는 어떤 유대인들이 시험 삼아 악귀 들린 자들에게 주 예수의 이름을 불러 말하되 내가 바울이 전파하는 예수를 의지하여 너희에게 명하노라 하더라 유대의 한 제사장 스게와의 일곱 아들도 이 일을 행하더니 악귀가 대답하여 이르되 내가 예수도 알고 바울도 알거니와 너희는 누구냐 하며 악귀 들린 사람이 그들에게 뛰어올라 눌러 이기니 그들이 상하여 벗은 몸으로 그 집에서 도망하는지라" (행 19:11-16, 개정)

스게와의 일곱 아들들은 바울이 행하는 놀라운 일을 보았습니다. 바울의 몸에서 손수건이나 앞치마를 가져다가 병든 사람에게 얹으면 병이 낫고 악귀도 떠나가는 것을 본 것입니다.

그래서 시험 삼아 귀신들린 자에게 바울의 흉내를 내며 쫓았다고 합니다. 그랬더니 어떻게 되었다고 합니까? 오히려 귀신들린 자가 뛰어올라 그들을 때리고 옷을 찢었다고 하지 않습니까? 예수님의 권능은 흉내 낸다고 행할 수 있는 것이 아닙니다. 사도 바울처럼 예수 그리스도에 대한 믿음이 '마음과 영 안에 각인'이 되어 있어야 하는 것입니다. 이런 영적 무장 상태에서 우리가 나사렛 예수 그리스도의 이름으로 명령하면 귀신이 벌벌 떨면서 그 명령에 복종하는 것입니다.

몇 년 전 사역할 때의 일입니다. 대적사역을 할 때 귀신의 정체가 드러났습니다. 몇 사람이 한 팀이 되어 치유세미나에 참석하면 시키는 일이 있습니다. 그것은 다른 사람에게 예수 그리스도 이름으로 귀신을 대적해 보라고 하는 것입니다. 예를 들어 "나사렛 예수 그리스도 이름으로 명하노니 귀신아 너 그 사람 안에서 무슨 짓을 했냐?!"라고 말입니다. 그런데 대적을 하면 대체적으로 귀신은 두 가지로 반응합니다. 그 명령에 복종을 하던지 그 사람의 명령을 무시하고 비웃든지 말입니다.

내가 이렇게 하는 이유가 있습니다. 만약 그 사람의 마음 안에 예수 그리스도에 대한 확실한 믿음이 있다면 귀신은 그 사람의 말에 복종합니다. 영적 권위가 있기 때문입니다. 그런데 재미있는 것은 자신의 명령에 귀신이 굴복하는 모습을 보고 그 사람이 더 놀란다는 것입니다. 그럼 그때 이렇게 이야기해 줍니다.

"이것이 바로 자매(형제, 장로, 권사...)님 안에 있는 예수 그리스도의 권세입니다."

반면 귀신에게 무시당하고 비웃음을 당하는 사람에게는 이렇게 이야기해 줍니다.

"어떠세요? 당황스럽죠? 이것이 바로 우리가 예수 그리스도에 대한 확실한 믿음을 가져야 하는 이유입니다. 형제님 안에 하나님이 주신 권세가 이미 있어요. 그것을 믿음으로 깨운다면 귀신들이 형제님의 명령에 굴복할 것입니다!"

이렇게 도전을 줍니다. 이와 더불어 무시하고 비웃는 귀신을 향해 내가 한마디 합니다.

"내가 나사렛 예수 그리스도 이름으로 명한다. 더러운 귀신 주제에 하나님의 딸(아들)을 비웃어? 내가 명령한다. 이 더러운 귀신아 이 분에게 사과하라!"

그러면 귀신이 '미안하다'고 하거나 '앞으로는 안 그러겠다'고 하거나 합니다. 귀신이 예수 그리스도의 권세 앞에 무릎을 꿇는 것입니다(눅 8:28).

"그런즉 너희는 하나님께 복종할지어다 마귀를 대적하라 그리하면 너희를 피하리라"(약 4:7, 개정)

우리가 먼저 하나님께 복종하며 예수 그리스도에 대한 확실한 믿음을 가지고 살아간다면, 우리의 명령에 귀신은 꼼짝 못하게 되는 것입니다. '예수 그리스도가 우리의 가장 강한 영적인 무기'이기 때문입니다!

그런데 아직 우리가 온전하게 영적으로 성장하지 못했다면 어떻게 해야 할까요?

그때는 '말씀을 의지하여' 대적하면 됩니다.

몇 년 전 집에 문제가 있는 분과 사역한 적이 있었습니다. 연립주택에 사셨는데 옛날 공동묘지 위에 세워진 집이었습니다. 그래서 그런지 악몽도 자주 꾸고 집 안에 있을 때 섬뜩한 느낌도 많이 든다고 했습니다. 특별히 화장실에서 유독 섬뜩함을 많이 느낀다고 하셔서 물었습니다.

"화장실에서 예수 이름으로 악한 영들을 대적해 보았습니까?"

"했어요. 자주 했어요. 그런데도 섬뜩함이 사라지지 않았어요"

그래서 그 분 앞에 성경을 폈습니다. 그리고 마가복음 16장 17-18절 말씀을 읽으라고 했습니다.[50]

"이 말씀을 아세요?"

"예, 압니다."

---

50) "믿는 자들에게는 이런 표적이 따르리니 곧 그들이 내 이름으로 귀신을 쫓아내며 새 방언을 말하며 뱀을 집어 올리며 무슨 독을 마실지라도 해를 받지 아니하며 병든 사람에게 손을 얹은즉 나으리라 하시더라"
(막 16:17-18, 개정)

"그럼 오늘 집에 가서 화장실 앞에서 이 말씀을 펴고 읽으세요. 그리고 이렇게 말하세요. "내가 이 말씀을 의지하여 명령한다. 나사렛 예수 이름으로 명하노니 화장실에서 섬뜩하게 하는 모든 것들은 다 떠나갈지어다"라고 말입니다."

그 분은 세미나를 끝내고 집에 가서 직접 이렇게 했다고 합니다. 그런데 말씀을 읽고 예수님 이름으로 대적을 하려고 하는 순간, 입이 확 돌아가 버렸습니다. 이런 상태에서 나에게 전화를 했습니다. 나는 빨리 교회에 오라고 해서 사역을 해보니 귀신의 정체가 드러났습니다. 이 분은 예전에도 대적기도를 많이 했었는데 그때는 아무런 일도 일어나지 않았습니다. 그런데 말씀을 의지하여 선포한 순간 귀신이 못하도록 막은 것입니다. 말씀을 의지하여 선포했을 때, 선포에 영적인 권세가 생겼기 때문입니다.

우리의 신앙은 연약할 수 있습니다. 그래서 귀신이 때로는 우리를 스게와의 아들처럼 무시할 수 있습니다. 그러나 믿음이 연약해도 말씀의 권세를 의지하면 이야기가 달라집니다. 말씀의 권세를 믿고 선포하기 시작할 때 우리의 입술을 통해 영적인 권세가 흘러나오기 때문입니다. 이것은 비단 마귀를 대적할 때뿐만 아니라, 현실에서도 말씀을 의지하며 믿고 선포하며 살아간다면 그 말씀대로 이루어지는 것을 보게 될 것입니다. 이것이 바로 하나님 말씀의 권세입니다.

우리에게는 이미 이러한 권세와 영적인 무기들이 주어져 있습니다.

우리가 믿음으로 권세와 무기들을 사용하기 시작할 때 악한 영들은 두려워 떨 것입니다. 절대 우리를 이기지 못할 것입니다. 왜냐하면 예수 그리스도께서 우리의 군대 대장이 되시기 때문입니다. 할렐루야!

2장

신자와 귀신들림
- 귀신들의 공격과 영적 원리들 -

이번 장에서는 '신자도 귀신들릴 수 있는가?'에 대한 문제를 다루고자 합니다. "신자는 절대로 귀신들리지 않는다"라는 확고한 신념을 가진 어떤 집사님께 왜 그렇게 생각하게 되었는지를 물은 적이 있습니다. "우리 교회 목사님이 그러셨어요." 이 말을 들으며 당혹감을 감출 수 없었습니다. 과연 목사나 신학이 '믿는 자는 귀신들리지 않는다'라고 정의했다면 정말로 그렇게 될까요? 지금부터 이 문제의 해답을 성경을 통해 찾고자 합니다. 과연 성경은 어떤 답을 줄까요?

1. 신자들을 향한 악한 영들의 공격

'생각'을 공격당했던 베드로

"이 때로부터 예수 그리스도께서 자기가 예루살렘에 올라가 장로들과 대제사장들과 서기관들에게 많은 고난을 받고 죽임을 당하고 제삼일에 살아나야 할 것을 제자들에게 비로소 나타내시니 베드로가 예수를 붙들고 항변하여 이르되 주여 그리 마옵소서 이 일이 결코 주께 미치지 아니하리이다 예수께서 돌이키시며 베드로에게 이르시되 사탄아 내 뒤로 물러가라 너는 나를 넘어지게 하는 자로다 네가 하나님의 일을 생각하지 아니하고 도리어 사람의 일을 생각하는도다" (마 16:21-23, 개정)

예수님께서는 예루살렘에 올라가 고난을 받고 죽은 지 삼일 만에 다시 살아날 것을 제자들에게 말씀하셨습니다. 그러자 예수님을 붙들고 항변하며 말리는 베드로에게 예수님이 이렇게 말씀하십니다.

"사탄아. 내 뒤로 물러나라. 너는 나를 넘어지게 하는 자로다. 하나님의 일을 생각하지 아니하고 도리어 사람의 일을 생각하는도다"라고 하셨습니다. 사실 본문 그대로만 놓고 보자면 예수님의 말씀에 대해 이해하기가 쉽지 않습니다.

예를 들어, 만약 누군가의 병문안을 갔는데 환자가 "나는 오래 못 살 거 같아요"라고 하는 말을 들었다면 우리는 대부분 이렇게 말할 것입니다.

"죽다니요! 절대로 그렇게 되지 않을 겁니다. 그런 생각 마시고 힘내세요. 당신을 위해 기도하겠습니다"라고 말입니다.

그런데 이 말을 들은 환자가 갑자기 "의사가 분명히 죽는다고 했는데 안 죽는다니! 사탄아 썩 물러가라!" 이랬다면 어땠을까요?

이것은 예수님이 하신 말씀을 환자의 비유를 통해 다시 말한 것입니다. 아마 베드로도 적지 않게 당황했을 것입니다. 자기만 있는 것도 아니고 다른 제자들이 함께 있는 상황에서 대놓고 이런 말을 들었으니까 말입니다.

사실 베드로의 "주여 그리 마옵소서 이 일이 결코 주께 미치지 아니하리이다"의 대답에는 틀린 것이 전혀 없습니다. 오히려 예수님을 향한 애틋한 사랑의 마음이 있습니다. 그런데 예수님은 이 생각이 사탄에게서 왔다고 분명히 말했습니다. 그렇다면 왜 예수님은 사랑하는 베드로에게 이런 말을 했던 것일까요?

사탄에 의해 베드로의 생각이 공격을 당했기 때문입니다. 베드로의 내면에서 문제가 발생한 것입니다. 예수님이 고난을 받고 죽은 다음 부활하게 된다는 말을 들었을 때 베드로가 집중한 것은 '하나님의 일'이 아니라 '죽음'이었습니다. 예수님이 죽고 난 후에 자신의 입지를 생각한 것입니다. 자신의 모든 것을 바쳐 예수님을 따랐는데 '예수님이 죽으면 어떻게 하지?'라는 생각이든 것입니다. 이때 사탄이 그의 생각을 공격한 것입니다. "예수님이 죽으면 말짱 도루묵이다!" 예수님이 죽으면 모든 것이 끝나기 때문에 베드로 입장에서는 예수님이 죽으면 안 되었던 것입니다. 그래서 강하게 항변한 것입니다. 하나님의 일이 아니라 자기 입장을 더 우선적으로 생각한 것입니다. 예수님은 이것을 '사람의 일'이라고 지적하셨습니다(23절).

그렇다면 베드로가 불신자입니까? 베드로는 신자였습니다.

"주는 그리스도시요 살아 계신 하나님의 아들이시니이다" (마 16:16, 개정)

이것은 베드로가 예수님을 향해 드린 신앙 고백입니다. 베드로는 이미 신자였고, 제자 중에서도 '수제자'였습니다. 이런 베드로가 사탄의 공격을 받은 것입니다. 신자도 사탄의 공격을 받을 수 있으며 통로가 열리게 된다면 귀신이 들어올 수도 있는 것입니다. 그러나 다행히 베드로는 예수님이 이것을 막아 주셨습니다. 우리는 예수님이 베드로를 야단쳤다고 생각하지만, 오히려 예수님은 사탄의 공격으로부터 베드로를 보호해 주신 것입니다! 더 깊이 악한 영이 침투하지 못하도록 말입니다. 믿는 신자들도 자신도 모르는 사이에 사탄의 공격을 받을 수 있습니다. 그러므로 깨어 있어야 합니다. 그래서 예수님은 '악에서 구하옵소서'라고 기도하라 우리에게 요청하시는 것입니다(마 6:13).

'생각 → 마음'까지 공격당한 가룟 유다

이제 생각을 사탄에게 공격당한 후 생각의 통로가 뚫려 마음까지 잠식당한 예를 살펴보겠습니다.

> "마귀가 벌써 시몬의 아들 가룟 유다의 마음에 예수를 팔려는 생각을 넣었더라"(요 13:2, 개정)

> "유월절이라 하는 무교절이 다가오매 대제사장들과 서기관들이 예수를 무슨 방도로 죽일까 궁리하니 이는 그들이 백성을 두려워함이더라 열둘 중의 하나인 가룟인이라 부르는 유다에게 사탄이 들어가니 이에 유다가 대제사장들과 성전 경비대장들에게 가서 예수를 넘겨 줄 방도를 의논하매 그들이 기뻐하여 돈을 주기로 언약하는지라 유다가 허락하고 예수를 무리가 없을 때에 넘겨 줄 기회를 찾더라"(눅 22:1-6, 개정)

요한복음 13장 2절에 보면, 마귀가 가룟 유다의 마음에 예수를 팔려는 생각을 넣었다고 했습니다. 사탄이 가장 먼저 공격하는 곳이 바로 생각입니다. 가룟 유다의 생각 속에 예수를 팔 생각을 넣은 것입니다. 그런데 만약 가룟 유다가 "아니 내가 왜 이런 생각을 하지? 내가 예수님과 몇 년을 동고동락을 했는데 팔 생각을 하다니 말도 안돼!"하며 무시했다면 어떻게 되었을까요? 아마 사탄은 더 이상 가룟 유다를 공격하지 못했을 것입니다. 그런데 말씀을 보면 가룟 유다가 어떻게 했다고 기록되어 있습니까? 그 생각을 받아 들였다고 했습니다. 그의 자유의지로 선택한 것입니다. 유다의 탐심이 이것을 자극한 것입니다. 그랬더니 더 진전되어 이제 사탄이 가룟 유다 안으로 들어갔다고 말을 합니다. 귀신이 들린 것입니다. 그렇다면 귀신 들린 가룟 유다는 어떤 사람이었습니까? 태어날 때부터 귀신들린 사람입니까? 그렇지 않습니다. 가룟 유다는 12제자로 뽑힌 사람이었으며(마 10:2-4) 예수님의 권능과 능력을 행했던 사람이었습니다.

> "열두 제자를 부르사 둘씩 둘씩 보내시며 더러운 귀신을 제어하는 권능을 주시고……제자들이 나가서 회개하라 전파하고 많은 귀신을 쫓아내며 많은 병자에게 기름을 발라 고치더라" (막 6:17, 2-13, 개정)

가룟 유다는 우리가 그렇게 받기를 사모하는 권능까지 행했던 사람이었습니다. 하나님께 선택된 신자였고, 신자 중에서도 12 사도의 반열에 오른 대단한 사람이었습니다. 신자에게도, 제자에게도, 사도에게도 귀신이 들릴 수 있는 것입니다. 예수님을 믿고 성령님이 우리 안에 계신다할지라도 지속적으로 사탄에게 죄의 통로[51]를 내어준다면 그 통로를 통해 귀신이 우리 안에 들어와 집을 지을 수 있는 것입니다. 그리고 계속해서 이것을 허용한다면 근심하시던 성령님이 결국 떠나게 되는 것입니다. 소멸되는 것입니다(살전 5:19). 사울 왕이 이런 경우입니다. 사울 왕도 하나님께 기름부음 받은 자였습니다. 성령의 체험도 있었으며 심지어 예언도 했습니다. 그러나 결국 악령에 사로잡히게 되었습니다. 사울 왕 또한 신자에게도 귀신이 들릴 수 있다는 예인 것입니다.

나는 그 동안 대적 사역을 하면서 '신자들에게서' 귀신의 정체가 드러났던 사례를 수없이 목격했습니다. 믿는 신자라 할지라도 우리 안에 가룟 유다와 사울 왕의 모습이 있다면 귀신은 정당한 권리를 가지고 들어오는 것입니다. 그러므로 우리는 성령으로 시작했다가 육체로 마치는 그런 신앙이 되지 않도록 조심해야 합니다.[52]

---

51) 유다의 경우 '탐심'이 통로가 되었습니다. 사울 왕의 경우 '불순종'과 '교만'이 통로가 되었습니다.
52) "너희가 이같이 어리석으냐 성령으로 시작하였다가 이제는 육체로 마치겠느냐"(갈 3:3, 개정)

'생각 → 마음 → 행동'에 이르기까지 공격당한 아나니아와 삽비라

"아나니아라 하는 사람이 그의 아내 삽비라와 더불어 소유를 팔아 그 값에서 얼마를 감추매 그 아내도 알더라 얼마만 가져다가 사도들의 발 앞에 두니 베드로가 이르되 아나니아야 어찌하여 사탄이 네 마음에 가득하여 네가 성령을 속이고 땅 값 얼마를 감추었느냐 땅이 그대로 있을 때에는 네 땅이 아니며 판 후에도 네 마음대로 할 수가 없더냐 어찌하여 이 일을 네 마음에 두었느냐 사람에게 거짓말한 것이 아니요 하나님께로다" (행 5:1-4, 개정)

앞에서 사탄이 생각을 통해 마음을 공격하는 것을 보았습니다. 이제 우리는 아나니아와 삽비라의 사건을 통해 한 단계 더 깊이 살펴보고자 합니다. 아나니아와 삽비라도 처음부터 사탄이 가득한 자(3절)가 아니었습니다. 오히려 아나니아와 삽비라는 초대교회의 신실한 성도였습니다. 아마도 추측건대 이들은 마가다락방의 참여자였든지, 베드로가 성전에서 설교할 때 이것을 듣고 회심한 사람들 가운데 하나였을 것입니다. 그런데 이들이 사탄의 공격을 받은 것입니다. 성경은 이들의 상태를 "사탄이 네 마음 가득하다"라고 표현합니다.

사탄은 일단 생각부터 공격을 시작합니다. 사람이 생각을 통해 사탄의 유혹을 받아들이면 그것이 마음에 심겨집니다. 그러나 이때라도 회개하며 돌이키면 사탄의 수고는 헛것이 됩니다. 이것을 알기에 사탄은 지속적으로 공격합니다. 그리고 죄성들이 마음속에 뿌리를 내리게 되면 귀신이 들어와 자리를 잡습니다. 감정적인 부분에 집을 지을 수도 있고, 양심이나 지정의, 때로는 육체 가운데도 집을 짓고 질병을 유발시킬 수도 있습니다. 그리고 점차 지배력을 넓혀가며 사탄적인 것들(귀신들, 죄들)을 마음에 가득하게 하는 것입니다. 그 다음 귀신들이 하는 것이 마음에 있는 것들이 행동으로 나오도록 충동하는 것입니다. 아나니아와 삽비라에게서 나타난 행동이 바로 이것이었습니다. 단순히 땅 값 얼마를 속인 것뿐만 아니라 성령을 기만하며 결국 하나님의 대적자로 선 것입니다. 우리가 여기서 유의해 볼 것은 아나니아와 삽비라가 성령을 속이는 그 순간에도 이들은 초대교회의 성도의 일원이었다는 것입니다. 불신자가 아니라 교회 공동체의 일원이었다는 것입니다. 만약 사탄이 교회에서 목사를 공격하여 지배한다면 그 목사는 거짓 선지자가 되는 것입니다. 사탄이 직분자인 장로나 권사를 지배하기 시작하면 교회에 분열이 일어나게 되는 것입니다. 신자도 귀신이 들릴 수 있고 교회도 자칫하면 사탄의 궤계에 넘어질 수 있는 것입니다. 그래서 교회는 음부의 권세를 이길 수 있도록 반석이신 예수 그리스도 위에 제대로 서 있어야 하는 것입니다.

'생각 → 마음 → 행동 → 사탄의 도구인 하나님의 대적자'로 선 바예수

"온 섬 가운데로 지나서 바보에 이르러 바예수라 하는 유대인 거짓 선지자인 마술사를 만나니 그가 총독 서기오 바울과 함께 있으니 서기오 바울은 지혜 있는 사람이라 바나바와 사울을 불러 하나님의 말씀을 듣고자 하더라 이 마술사 엘루마는 (이 이름을 번역하면 마술사라) 그들을 대적하여 총독으로 믿지 못하게 힘쓰니 바울이라고 하는 사울이 성령이 충만하여 그를 주목하고 이르되 모든 거짓과 악행이 가득한 자요 마귀의 자식이요 모든 의의 원수여 주의 바른 길을 굽게 하기를 그치지 아니하겠느냐 보라 이제 주의 손이 네 위에 있으니 네가 맹인이 되어 얼마 동안 해를 보지 못하리라 하니 즉시 안개와 어둠이 그를 덮어 인도할 사람을 두루 구하는지라" (행 13:6-11, 개정)

이 말씀에서 보듯 사람이 사탄에게 행동까지 완전한 지배를 받는다면 그 사람은 하나님의 대적자로서 사탄의 도구가 될 수 있습니다. 본문 말씀을 보면 바예수를 '유대인 거짓 선지자인 마술사'라고 소개합니다. 이 말은 바예수가 원래 유대인 선지자였다는 말입니다. 그런데 변질된 것입니다. 변질되어 마술사(무속인)까지 이르게 된 것입니다. 왜 이렇게 되었을까요? 사탄에게 통로를 내어 주었기 때문입니다. 성령 충만한 사도 바울은 바예수를 향해 이렇게 말합니다.

"너는 모든 거짓과 악행이 가득한 자요, 마귀의 자식이요, 모든 의의 원수요 주의 바른 길을 굽게 하는 자라!"

사도 바울의 평가대로 바예수는 완전히 사탄의 지배를 받고 있었고 총독이 바나바와 바울을 불러 하나님의 말씀을 듣고자 할 때 사탄의 도구로서 방해자가 된 것입니다. 하나님의 사역자가 바울이라면 바예수는 사탄의 사역자인 것입니다. 사탄은 이렇게 사탄의 도구를 세워 하나님을 대적합니다.

앞서 살펴 본 성경의 인물들을 통해 신자에게도 귀신이 들릴 수 있음을 알았습니다. 사탄에게 생각의 통로를 열고 죄를 마음에 심기 시작하면 신자든 불신자든 상관없이 사탄의 침투가 시작되는 것입니다. 점진적으로 행동을 지배해가며 사탄의 도구로 만들어 가는 것입니다. 많은 사람들이 이것을 알지 못하므로 사탄의 공격을 받고 있으면서도 '신자는 귀신들리지 않는다'는 잘못된 생각으로 대적하지 않습니다. 사탄의 밥이 되는 것입니다. 사도 베드로는 이것에 대해 성경에 정확히 기록해 놓았습니다.

> "마음을 강하게 하고 늘 주의하십시오. 원수 마귀가 배고파 으르렁거리는 사자처럼 먹이를 찾아 돌아다니고 있습니다. 마귀에게 지지 말고 믿음에 굳게 서 있기 바랍니다. 온 세상의 모든 성도들도 여러분과 같은 고난을 겪고 있습니다." (벧전 5:8-9, 쉬운)

기억하십시오. 사탄은 우는 사자와 같이 우리를 공격합니다. 우리의 생각인양 가장하여 생각을 넣어 줍니다. 그러나 두려워하지 마십시오. 그때 예수님 이름으로 대적하십시오.

"내가 나사렛 예수 그리스도 이름으로 명하노니 이런 더러운 생각을 주는 사탄아 물러갈지어다!"

이렇게 명령하면 악한 영들은 한 길로 왔다가 일곱 길로 도망쳐 버릴 것입니다.

> "네가 하나님은 한 분이신 줄을 믿느냐 잘하는도다 귀신들도 믿고 떠느니라" (약 2:19, 개정)

> "그런즉 너희는 하나님께 복종할지어다 마귀를 대적하라 그리하면 너희를 피하리라" (약 4:7, 개정)

2. 성경의 예시들을 통해 배우는 사탄 공격의 영적 원리들

사탄은 밖에서 안으로 공격을 합니다.

우리는 베드로와 가룟 유다와 아나니아와 삽비라, 바예수를 통해 사탄의 공격 방법을 배울 수 있습니다. 베드로는 사탄에게 생각의 틈을 주었던 사람이었고, 가룟 유다는 생각의 통로를 열어 마음에 받아들임으로 사탄의 침투를 허용했습니다. 또한 아나니아와 삽비라는 악이 행동에까지 드러난 사람들이었고, 바예수는 그 행동으로서 하나님을 대적하는 사탄의 도구로 사용된 사람이었습니다.

이들을 통해 나타나는 공통적인 특징은 사탄의 공격이 '외부로부터 시작하여 순차적으로 내부로 더 깊이' 들어왔다는 것입니다. 그리고 '내부를 점령하고 다시 밖으로' 공격이 나갔다는 것입니다. 이렇듯 사탄의 공격은 밖에서부터 시작되는 것입니다. 그렇기 때문에 사탄과 접촉점이 될 수 있는 생각을 어떻게 관리하느냐가 굉장히 중요합니다. 그러므로 우리는 처음부터 생각을 잘 관리해야 합니다. 잘못되고 더러운 생각이 들어온다면 예수 이름으로 끊으십시오. 사탄을 대적하십시오. 만약 그것이 사탄이 준 생각이라면 대적과 함께 사라질 것입니다. 그러나 그것이 죄 된 육체에서부터 나온 것이라면, 육체를 쳐서 주님께 복종케 하십시오.[53]

또한 자유의지와 양심을 통해 선한 것들을 선택하며 행동하는 훈련을 하십시오. 그리고 말씀과 기도를 통해 거룩함을 유지하십시오(딤전 4:5).

우리가 이렇게 하나님의 형상으로 산다면 사탄은 접근하는 것조차도 두려워할 것입니다. 이것이 바로 하나님의 전신갑주를 입은 '영적 용사'의 모습이기도 합니다.

무엇보다 마음을 지키십시오.[54]

앞에서 우리는 사탄이 외부에서 내부로 침투해 들어오는 것에 대해

---

53) "사랑하는 자들아 거류민과 나그네 같은 너희를 권하노니 영혼을 거슬러 싸우는 육체의 정욕을 제어하라"(벧전 2:11, 개정)
54) "모든 지킬 만한 것 중에 더욱 네 마음을 지키라 생명의 근원이 이에서 남이니라"(잠 4:23, 개정)

살펴보았습니다. 그렇다면 우리의 내부로 들어온 사탄(귀신)이 주로 집을 짓는 곳은 어디일까요? 바로 '마음(성품)'입니다.

만약 우리가 성령의 열매인 사랑, 희락, 화평, 오래 참음, 자비, 양선, 충성, 온유, 절제와 같은 성품을 맺고 있다면 사탄은 절대 이곳에 집을 지을 수가 없습니다. 왜냐하면 이것은 성령하나님의 성품이기 때문입니다. 그러나 우리가 마음에 분노, 시기, 질투, 다툼, 교만, 이간질, 탐욕, 중독, 거짓, 수치, 음란 등과 같은 마음을 '지속적으로' 가진다면 귀신은 이러한 쓰레기에 귀신의 처소를 마련할 수 있습니다.

사탄(귀신)은 가롯 유다의 '탐욕'을 타고 들어왔습니다. 그 탐욕에 귀신이 집을 지은 것입니다. 사울 왕의 경우 교만과 불순종을 타고 들어온 것입니다. 그러한 더러운 곳에 귀신이 집을 짓는 것입니다.

이것이 사탄이 우리 안에 들어와 자리를 잡는 방법입니다. 그리고 귀신이 사람 안에 들어올 때는 그 사람과 비슷한 기질을 가진 귀신이 들어옵니다.

예를 들어 그 사람이 지속적으로 분노를 품고 있다면, '분노의 영'이 들어올 수 있습니다. 탐심이 많다면 '탐욕의 영'이 들어옵니다. 음란한 생각과 행동을 많이 한다면 '음란의 영'이 타고 들어옵니다. 그리고 이런 더러운 것에 집을 짓는 것입니다. 그러면서 그 귀신은 그 사람의 이런 더러운 기질과 밀착됩니다. 내 생각과 귀신의 생각이 구별되지 않는 것입니다. 내 감정과 귀신의 자극이 구분되지 않는 것입니다. 그러면서 귀신은 계속 자극을 합니다. 이로 인해 나오는 죄의 찌꺼기들을 먹으며 귀신은 더 강해지는 것입니다. 지배력이 커지는 것입니다. 그런 후에 사탄은 이제 행동으로 죄를 짓도록 자극하며 유도하는 것입니다.

우리는 귀신이 침투했을 때 이러한 방식으로 우리 안에 집을 짓는다는 것을 알아야 합니다. 물론 사탄은 다른 곳에도 집을 짓습니다. 양심이 화인을 맞았다면, 양심에도 집을 짓습니다. 또한 잘못된 지정의를 가지고 있다면, 그곳에도 집을 짓습니다. 또한 육체가 죄를 짓는다면, 죄를 짓는 그 육체 가운데 집을 짓습니다. 그러나 사탄의 일반적인 공격 대상은 처음에는 마음(성품)입니다. 그래서 무릇 지킬만한 것 중에 더욱 마음을 지켜야 하는 것입니다.

그렇다면 우리는 어떻게 마음을 지켜야 할까요? 분노의 예를 통해 설명하겠습니다.

앞에서 살펴보았듯이 분노(화)의 감정이 일어나는 것은 잘못된 것이 아닙니다. 누군가 나를 무시하며 상처를 줄 때 우리는 사기 존중감 때문에 화가 납니다. 그러나 이럴 때 하나님이 원하시는 것은 '혈과 육으로 반응하지 말라'는 것입니다. 혈기가 난다고 육체적으로 그것을 표출하지 말라는 것입니다. 이것을 참지 못해 살인한 사람이 바로 모세가 아닙니까?[55] 결국 이 일로 그는 이집트 왕궁에서 도망쳐야만 했으며 자

---

55) "모세가 장성한 후에 한번은 자기 형제들에게 나가서 그들이 고되게 노동하는 것을 보더니 어떤 애굽 사람이 한 히브리 사람 곧 자기 형제를 치는 것을 본지라 좌우를 살펴 사람이 없음을 보고 그 애굽 사람을

신의 사회적 지위도 명예도 모두 잃고 말았습니다.

그렇다면 화가 날 때 무조건 참아야 할까요? 아닙니다. 하나님은 이러한 분노와 혈기가 일어날 때 이렇게 기도하기를 원하십니다.

"하나님 내 안에 분노의 마음이 있습니다. 하나님 나는 감당할 수 없습니다. 감당할 수 없사오니 하나님 이 분노를 제거하여 주시옵소서. 예수 그리스도의 이름으로 명하노니 이 분노의 영아 떠나갈지어다!"

하나님께 도움을 청하며 이와 더불어 대적하는 기도를 하라는 것입니다.

나에게 이런 경험이 있습니다. 자주 '욱'하고 화가 치밀어 오르는 것이었습니다. 속으로 '목사가 이러면 안 되는데' 하고 생각했습니다.

성도들 앞에서는 그나마 자제가 되는데, 밖에 나가면 통제가 잘 되지 않았습니다. 아버지의 성품을 닮아 다혈질적인 행동이 드러나는 것이라고만 생각했습니다. 그래서 그것을 조절하며 삭이느라 힘이 들었습니다. 그런데 순간 '혹시 이것이 영적인 문제는 아닌가' 하는 생각이 들었습니다. 하지만 '내가 영적인 사역을 하는 사역자인데 설마 나한테 귀신이 있을라고' 생각했습니다. 그래도 밑져야 본전이라는 생각으로 교회에서 혼자 기도할 때 예수 이름으로 귀신을 불러냈습니다.[56] 이렇게

처 죽여 모래 속에 감추니라" (출 2:11-12, 개정)
56) 만약 귀신을 통제할 만한 영적인 권세가 없다면 이렇게 귀신을 불러내는 것은 권하지 않습니다. 왜냐하

몇 번을 대적하는데 갑자기 내 얼굴이 일그러지는 것이었습니다. 그리고 입에서 상상도 못할 욕들이 막 쏟아져 나왔습니다. 만약 그때 교회에 성도가 있었다면 시험 들기 딱 좋았을 것입니다. 나는 너무나 깜짝 놀랐습니다. 내 안에 귀신이 숨어 있을 줄은 상상도 못했기 때문입니다. 그래서 즉시 잠잠하라고 명령했습니다. 그리고 대적하며 쫓아 버렸습니다.

재미있는 것은 그 다음부터 욱하고 올라오는 혈기들이 거의 사라졌다는 것입니다. 혹시 우리 가운데 통제할 수 없는 감정들이 자꾸 일어난다면 예수님의 이름으로 대적 하십시오. 예를 들어 자꾸 음란한 생각들이 든다면, "하나님. 도와주세요! 제가 음란의 생각이 들어 자꾸 음란한 것을 찾습니다. 하나님! 도와주시옵소서. 예수 그리스도 이름으로 명하노니 더러운 영은 떠나갈지어다. 음란은 끊어질지어다!' 기도하십시오. 날마다 이렇게 대적하시면서 하나님께 도움을 요청하십시오. 그러면 어느 순간부터 음란이 사라지는 것을 보게 될 것입니다.

사도 바울은 우리에게 이것을 가르칩니다.

"우리의 씨름은 혈과 육을 상대하는 것이 아니요 통치자들과 권세들과

먼드러난 귀신이 스게와의 아들에게 행했던 것과 같이 사람을 해할 수도 있기 때문입니다. 이 때는 그냥 예수님의 이름으로 계속 대적하면 됩니다. 예수님이 우리에게 귀신을 쫓을 수 있는 권세를 주셨기 때문입니다(막 16:17).

> 이 어둠의 세상 주관자들과 하늘에 있는 악의 영들을 상대함이라 (엡 6:12, 개정)

우리는 내 안의 혈과 육의 분노나 음란과 싸우는 것이 아닙니다. 그것을 조장하는 사탄의 악한 영들과 싸우고 있다는 것을 반드시 기억해야 합니다. 이렇게 날마다 영적인 선한 싸움을 해 나간다면, 우리 안에 있는 더러운 기질들, 성품과 인격 안에 스며 녹아 있는 죄의 속성들도 반드시 벗겨져 나가게 될 것입니다. 더 계속해서 싸움을 해나간다면 이제 '성령님이 완전한 통치자'로 일어나게 될 것입니다. 그리고 우리는 성령님을 통해 성령의 눈으로 볼 수 있게 되고, 성령의 입으로 말을 하며, 성령의 귀로 하나님의 음성을 들을 수 있게 될 것입니다. 그리고 귀신들은 더 이상 악한 성품이나 기질을 타고 우리 안에 들어올 수 없게 됩니다.

기억하십시오.
모든 더러운 것들은 이와 동일한 경로로 우리 안에 처소를 짓습니다. 그러므로 우리는 먼저 잘못된 생각을 차단하는 훈련을 해야 합니다. 또한 혈과 육으로 반응하지 말며 예수 그리스도의 보혈로 끊으며, 예수 그리스도를 의지하여 대적하며 기도하며 나가십시오. 우리가 이것을 계속하면 우리 영 안의 하나님의 인성과 신성이 혼으로 흐르게 될 것이며 우리 영혼은 하나님의 형상으로 회복될 것입니다. 그리고 이런 사람들을 통해 하나님의 권능과 이적과 능력이 나타나게 될 것입니다.

Part 4

성령의 영적 세계
'성령의 양육'

1장

성령님이 우리를 성장시키는 단계별 방법

이번 장에서는 성령님이 우리의 '영혼·육'을 어떻게 양육시키며 성장시키는지 살펴보겠습니다.

1. 성령님이 우리를 성장시키는 첫 번째 단계

영과 혼이 '연결'되는 단계

성령님이 '보혜사'로 내주하시는 단계

이미 앞에서도 살펴보았듯이 구원의 복음을 믿을 때 우리는 거듭나게 됩니다. 영과 혼이 연결되는 것입니다.[57] 이것이 우리가 예수님을 믿고 거듭났을 때 첫 번째 일어나는 일입니다. 그리고 성령님이 보혜사로

---

57) 우리가 구원의 복음을 믿을 때 그 말씀이 먼저 우리 마음에 심겨집니다. 그리고 그 마음에 심겨진 말씀이 생명의 빛이 되어 마음보다 깊은 우리의 심령을 통해 영의 문을 열게 됩니다. 구원의 말씀으로 '혼'이 심령을 통해 영과 연결되는 것입니다.

서 우리의 영에 내주하십니다.

> "그 안에서 너희도 진리의 말씀 곧 너희의 구원의 복음을 듣고 그 안에서 또한 믿어 약속의 성령으로 인치심을 받았으니"(엡 1:13, 개정)

이것이 거듭날 때 일어나는 일입니다. 그러나 이 단계에서는 성령님이 내주하시는 것을 우리의 혼과 육으로는 느낄 수가 없습니다. 이런 이유로 예수님이 성령으로 거듭난 사람에 대해 "바람이 임의로 불매 네가 그 소리는 들어도 어디서 와서 어디로 가는지 알지 못하나니 성령으로 난 사람도 다 그러하니라(요 3:8)"라고 하신 것입니다.[58] 그러나 비록 성령님이 내주하실 때 혼적으로, 육체적으로는 이것을 느끼지 못할지라도 영이 깨어나게 됨으로 우리는 '구원에 대한 감격과 감사'를 체험하게 됩니다.

1 단계의 영혼육의 특징

우리의 '영'은 성령님이 임재하기 전까지 사슴이 시냇물을 찾아 갈급해하는 것과 같이 하나님을 갈망합니다.[59] 이런 상태였던 영에 성령님이

---

58) 거듭날 때 성령의 구원의 임재는 감각적으로 우리가 느낄 수 없는 반면, 오순절 마가다락방과 같은 권능의 임재는 우리가 느낄 수 있습니다.
59) "하나님이여 사슴이 시냇물을 찾기에 갈급함 같이 내 영혼이 주를 찾기에 갈급하니이다"(시 42:1, 개정)

거하실 때 영은 비로소 안식하며 하나님의 사랑을 느끼게 됩니다. 이때 우리의 '혼과 육'을 통해 느껴지는 감정이 바로 '감격과 감사'입니다. 이 단계에서 성령님은 '보호자(보혜사)'로서 우리에게 임재하십니다. 하지만 이 단계에서 '혼의 헌신과 수고'를 통해 영이 계속 성장하지 않는다면 이 감격과 감사는 일회성의 경험으로 끝나게 됩니다.

또한 체험적인 것에만 치중하며 영에 필요한 양식을 공급해 주지 않는다면, 속사람[60]은 죄성이 강한 겉사람[61]에 의해 고통을 당하게 됩니다. 자칫 성령을 근심케 하며(엡 4:30) 성령님을 떠나게 할 수도 있습니다(살전 5:19).

그러나 우리의 혼의 헌신과 수고로 영의 양식을 지속적으로 먹는다면 우리의 영은 성령님의 도우심과 함께 영적으로 성장하게 됩니다.

1 단계 과정에서 영적 성장을 위해 필요한 요소

거듭난 신앙생활 : '종교생활에서 참된 신앙생활로'

우리는 교회를 수십 년 다녔음에도 아무런 변화가 없는 사람들을 종종 만납니다. 성도 가운데 바른 신앙을 가진 분들도 계시지만 '종교

---

60) 영, 성령님
61) 혼적 본능, 육체적인 소욕, 사탄의 공격

생활'을 하는 분들도 빈번히 볼 수 있습니다. 남편 때문에, 부인 때문에, 일 때문에 자의반 타의반으로 신앙생활을 합니다. 또 어떤 분들은 취미로, 아니면 인간관계, 사업의 확장을 위해 교회를 다니기도 합니다. 종교생활을 하시는 분들입니다. 그런데 이런 형태의 종교생활은 하나님의 역사하심에 큰 걸림돌이 됩니다.

만약 우리가 하나님에 대한 갈망과 임재의 기대를 가지고 신앙생활을 한다면 하나님이 이런 사람을 통치하는 것은 그리 어려운 일은 아닙니다. 너무나 쉽게 하나님을 만날 수 있으며 하나님의 역사를 체험합니다. 왜냐하면 이런 신앙생활의 모습이 '하나님을 환영하는 것'이기 때문입니다. 하나님은 환영하는 곳에 머무시며 더 강력히 역사하십니다. 하나님은 인격이시기 때문에 강제적으로, 억압적으로 통치하지 않으십니다. 그렇기 때문에 교회 출석에만 만족하는 종교생활을 하는 사람들은 하나님을 만나기가 어렵습니다. 반면 우리가 진심으로 성령하나님을 인정하고 환영하고 모셔 들이면 성령님이 들어와 우리의 '보호자'가 되어 주십니다.

물론 하나님은 수십 년간 습관적, 형식적인 종교생활을 한 사람일지라도 인내하시며 그 사람의 신앙이 변화되도록 돕습니다. 상황과 필요에 따라 진실한 그리스도인을 붙여 주시기도 하고 생명의 말씀을 접할 기회를 주시기도 하십니다. 이러한 것을 통해 그 사람이 마음의 문을 열고 하나님을 환영할 때 하나님께서 역사하시는 것입니다. 그러나 종교생활을 하는 사람에게는 하나님에 대한 갈망이 없기에 그 자체가 하나님의 역사하심을 막는 걸림돌이 되는 것입니다. 그러므로 영적으로 더욱 성장하길 원한다면 먼저 신앙생활부터 변혁이 일어나야 합니다. '종교생활에서 참된 신앙생활로 거듭나야 하는 것'입니다.

영적인 거듭남 : '영이 새롭게 태어남'

참된 신앙생활로서 하나님을 온전히 신뢰하고 받아들이기 시작하면 그 사람 안에서 놀라운 영적인 변화가 일어납니다.[62] 새신자이든 수십 년의 종교생활을 한 사람이든 상관없이 하나님을 환영하며 구원의 복음을 믿음으로 받아들인다면 기간에 상관없이 동일한 영적 변화를 경험하게 됩니다. '거듭나는 것[63]'입니다. 다시 새롭게 태어나는 것입니다. 그러나 이 거듭남의 체험은 사람의 기질이나 성품, 환경이나 상황에 따라 다소 다르게 나타날 수 있습니다. 사람에 따라 급진적 혹은 점진적인 거듭남을 체험하는 것입니다. 성경에 나오는 사도 바울이 이 급진적

---

62) 어떤 분들은 '안 믿어지는데 어떻게 믿느냐'라고 말합니다. 이성적인 혼이 말씀을 거부하는 것입니다. 그러나 어떻게 개미가 인간을 이해할 수 있습니까? 어떻게 사람이 하나님을 이해할 수 있습니까? 이해가 먼저 가 아니고 믿음의 고백이 먼저입니다. 믿고 고백하며 나아갈 때 역사가 일어나는 것입니다. 그래서 베드로가 이렇게 고백했던 것입니다. "우리가 주는 하나님의 거룩하신 자이신 줄 '믿고 알았사옵나이다'"(요 6:69, 개정)
63) 거듭남은 '내 삶의 주권을 하나님에게 이양하는 것'입니다.

거듭남을 체험한 사람입니다. 바울은 다메섹 도상에서 급진적인 거듭남을 경험합니다.

> "사울이 주의 제자들에 대하여 여전히 위협과 살기가 등등하여 대제사장에게 가서 다메섹 여러 회당에 가져갈 공문을 청하니 이는 만일 그 도를 따르는 사람을 만나면 남녀를 막론하고 결박하여 예루살렘으로 잡아 오려 함이라 사울이 길을 가다가 다메섹에 가까이 이르더니 홀연히 하늘로부터 빛이 그를 둘러 비추는지라 땅에 엎드러져 들으매 소리가 있어 이르시되 사울아 사울아 네가 어찌하여 나를 박해하느냐 하시거늘 대답하되 주여 누구시니이까 이르시되 나는 네가 박해하는 예수라"
>
> (행 9:1-5, 개정)

이렇듯 예수 그리스도의 실상이 우리 눈앞에서 또는 영 가운데 조명될 때 급진적인 거듭남이 일어나게 됩니다. 이전에 바울은 '완고한 혼'을 가진 사람이었지만 예수님의 실상을 보고 난 후 순식간에 변화가 되었습니다. 예수님이 믿어진 것입니다. 급진적으로 거듭난 것입니다.

만약 누군가가 이러한 급진적인 거듭남을 체험한다면 그 순간 중독이 끊어지는 것을 경험할 수 있습니다. 또 수십 년 자신을 짓눌러 왔던 술이나 담배, 마약 등이 끊어질 수 있습니다. 어떤 경우에는 질병이 치료되기도 하며 내적인 문제들이 즉각적으로 치유되기도 합니다. 이런 이유로 급진적으로 거듭남을 체험한 사람에게는 다양한 간증거리가 있습니다. 반면 점진적으로 거듭남을 체험하는 사람들은 간증거리가 많지 않을 수도 있습니다. 스펀지에 물이 스며들듯이 본인이 인식하지 못하는 사이에 서서히 변화되기 때문입니다. 그래서 세례 받을 때 급진적인 거듭남을 경험한 사람들이 대표 간증자로 서는 경우가 많습니다. 그러나 급진적인 거듭남을 경험하든, 점진적인 거듭남을 경험하는 사람이든 상관없이 내면에서 일어나는 영적 변화는 동일합니다. 거듭남을 통해 '영과 혼이 연결되며 성령님이 내주하게 된다는 것'입니다. 이런 거듭남의 체험을 통해 영적성장을 위한 토대가 준비되는 것입니다.

거듭남과 동반되는 회개

우리가 말씀에 의해 영이 열리고, 성령님의 임재하심으로 거듭날 때 나타나는 또 다른 현상은 '회개'입니다. 거듭날 때 감격과 감사가 동반되지만 반드시 회개도 동반됩니다. 급진적, 점진적인 거듭남에 관계없이 말입니다. 거듭남과 함께 회개가 동반되는 이유는 진정으로 우리가 거듭나게 될 때 그 사람 안에는 성령님이 임재하시기 때문입니다. 성령님은 거룩하신 분이십니다. 거룩하신 분이 오시기 때문에 우리 안에 있던 죄들이 드러나는 것입니다. 성령님을 통해 '혼의 죄성들'이 조명되는 것입니다. 본질상 성령님은 죄와 함께 거하실 수 없음으로 회개를 통해 그 죄를 씻게 만드시는 것입니다. 이렇듯 거듭남과 회개는 결코 뗄 수 없는 불가분의 관계입니다.

나도 급격한 거듭남을 체험한 사람 중의 하나입니다. 이런 체험이 있기 전 수년 동안 종교생활을 했습니다. 중학교 때부터 교회를 다녔으나 구원의 확신보다 오히려 친구 때문에 재미로 교회를 다녔습니다. 그러다 고등학교 2학년 때 친구와 함께 철야를 다니게 되었습니다. 철야 시작한지 5주째가 되었을 무렵 놀라운 체험을 하게 되었습니다. 기도 가운데 하늘이 열리며 강한 빛이 쏟아져 내렸습니다. 그 순간 눈앞에 스크린이 펼쳐졌고 나의 죄가 영화처럼 스쳐 지나갔습니다. 전혀 기억도 나지 않는 사소한 죄들, 예컨대 엿 바꿔 먹으려고 옆집에서 훔쳤던 빈 병 몇 개도 보았습니다. 내가 지었던 죄들을 보고 통곡하며 진심으로 회개했습니다. 그 순간 몸이 뜨거워지면서 방언이 터졌습니다.

진정한 거듭남에는 반드시 회개가 동반됩니다. 왜냐하면 거룩한 성령님이 임재하실 때 죄를 드러내시기 때문입니다(요 16:8). 이렇게 회개와 거듭남은 성령님이 임하심으로 일어나는 하나님의 주권적인 능력입니다. 그러나 우리에게 이런 체험이 있다할지라도 그 이후에 하나님을 더 강력하게 의지하지 않는다면 이런 체험은 일회성으로 소멸될 수도 있습니다. 그러므로 우리가 영적으로 성장하길 원한다면 늘 회개를 통해 자신을 돌아보아야 합니다.

이것들은 성장을 위한 중요한 영적인 원리입니다!
많은 사람들이 거듭남을 체험합니다. 감격과 감사와 은혜를 체험합니다. 그러나 얼마 가지 못해 첫사랑을 잃어버립니다. 거듭난 이후 더 강력하게 하나님을 의지하지 않았기 때문입니다. 많은 신자들이 거듭남을 경험했음에도 이런 영적 수준에서 머무는 분들이 많습니다. 거듭남으로 영과 혼이 연결되고 성령님이 임재하심으로 구원의 확신이 있지만, 어떻게 자신의 영을 성장시키야 하는지 몰라 1단계 수준의 신앙생활에 머무는 것입니다.

이제 다음 장에서는 거듭난 후, 성령님이 어떤 방법을 통해 우리의 영을 성장시키는 지에 대해 말씀드리고자 합니다.

2. 성령님이 우리를 성장시키는 두 번째 단계

우리의 영과 혼이 '연합'되는 단계
성령님이 '인치시며 보증'하시는 단계

앞 장에서 우리는 거듭날 때 우리의 영과 혼이 연결되고, 성령님이 우리의 보호자(보혜사)로 임재하시는 것에 대해 보았습니다. 이제 다음 단계에 대해 말씀드리겠습니다.

2 단계 : 우리의 영과 혼이 '연합'되는 단계 /
성령님이 '인치시며 보증'하시는 단계

우리의 영은 첫 번째 단계인 거듭남을 통해 혼이 연결됩니다. 그러나 이러한 연결은 마치 시냇물에 통나무 다리를 놓아 연결시킨 것과 같습니다. 태풍이 불고 홍수가 나면 다리가 무너져 내릴 수 있는 것입니다. 이것이 바로 거듭난 직후의 영적인 상태입니다.

그러므로 우리는 이 영과 혼의 연결이 끊어지지 않도록 강하게 연합을 시켜야 합니다. 튼튼한 다리로 만들어야 하는 것입니다. 이 주된 재료가 되는 것이 '영의 양식'입니다.

이때 이것을 먹기 위해 가장 필요한 것이 '혼적인 헌신과 수고의 순종'입니다. 이 부분은 이 장 뒤에서 더 자세히 다룰 것입니다.

또한 이 단계에서 우리가 혼의 순종을 통해 영의 양식을 먹기 시작할 때 성령님이 우리에게 하시는 일이 있습니다. 우리의 구원을 인치시며 보증하시는 일입니다.

"그 안에서 너희도 진리의 말씀 곧 너희의 구원의 복음을 듣고 그 안에서 또한 믿어 약속의 성령으로 인치심[64]을 받았으니" (엡 1:13, 개정)

"곧 이것을 우리에게 이루게 하시고 보증으로 성령을 우리에게 주신 이

---

[64] 헬라어 '습흐라기조' : 안전 또는 보존을 위해 도장을 찍다. 확증하다. 의심할 여지가 없다.

는 하나님이시니라"(고후 5:5, 개역)

이제 보호자로 임재하신 성령님은 우리에게 '인을 치시는 일'을 하십니다.

그런데 이 부분에 대한 많은 오해가 있습니다. 많은 사람들이 '성령님의 인치심'에 대해 오해하는 것입니다. 성령님의 인치심을 마치 '하늘이 열려 불이 내려와 인치는 것'과 같은 것으로 생각한다는 것입니다. 마치 주인이 자기 말에게 인두로 표식을 하는 것처럼 말입니다. 그러나 성경에서 말하는 '인치심'은 이 의미와 다릅니다.

먼저 우리가 거듭나면 성령님은 '보호자'로 내주하십니다. 이것이 우리가 거듭날 때 성령님이 하시는 첫 번째 일입니다. 그리고 이 성령님이 우리의 영적인 성장을 위해 사역해 나가십니다. 우리에게 신선한 꼴을 먹이시며[65] 양육시키시며 우리의 영을 성장시켜 나가는 것입니다. 우리가 성령님의 감동을 따라 '순종'하며 나아갈 때, 그때 하나님의 뜻대로 성령님이 우리에게 인을 치시는 것입니다. 그러나 이 인은 도장을 찍듯이 우리의 이마나 영의 어느 부분에 찍는 것이 아닙니다. 어딘가에 인을 찍는 것이 아니라 성령님이 직접 '이 사람은 하나님의 것'이라고 '인증'을

---

65) 거듭남으로 감격과 감사를 체험하는 신앙인들은 기도와 말씀, 예배를 사모합니다. 그래서 이것을 가까이 하고자 합니다. 이것이 성령님이 하시는 일입니다. 내주하신 성령님이 '영의 양식을 먹도록 감동으로 이끄시는 것입니다.

Part 4 성령의 영적 세계 213

하는 겁니다. 성령님이 직접 '증인'으로서 보증을 해주시는 것입니다(고후 1:22). 그래서 굳이 '인이 어디에 있느냐 찾으라한다면 우리 안에 계신 성령님에게 있는 것입니다. 그래서 성령님이 우리 안에 내주하시다가 죄로 인해 성령이 우리 안에서 떠나시면(소멸되어 버리면) 그 인증도 사라지는 것입니다. 성령님의 인은 낙인처럼 계속 남아 있는 것이 아니라 '성령님이 우리 안에 계실 때만' 보증되는 것입니다. 그래서 우리가 성령님을 근심케 말아야 하고(엡 4:30) 소멸치 말아야 하는 것입니다(살전 5:19). 왜냐하면 성령님이 우리를 떠나면 그 모든 인증이 무효화되기 때문입니다.

구약의 사울 왕은 하나님께 왕으로 기름부음을 받고(삼상 10:1) 성령의 임재하심을 체험한 자(삼상 10:6, 10)였습니다. 그러나 왕이 되면서 하나님의 말씀에 불순종했습니다. 교만해졌기 때문입니다. 그러자 하나님의 영이 그를 떠났습니다. 그리고 악령이 사울 왕을 지배합니다. 결국 사울 왕은 자살로 생을 마감합니다.

아무리 우리가 성령의 인증을 받았더라도 우리의 죄와 불신앙으로 성령을 소멸시켜 버리면 그 인증은 무효가 되어 버리는 것입니다. '천국 자격증'이 사라져 버리는 것입니다.

우리는 이것을 꼭 기억해야 합니다.
한 번 받은 인은 영원한 것이 아닙니다. 성령이 우리 안에 내주하시며 함께 할 때에만 유효한 것입니다. 그러므로 우리는 구원이 이루어지는 그 날까지 성령님과 함께 동행해야 합니다.[66]

그러나 이것이 그렇게 말처럼 쉬운 것이 아닙니다.

왜냐하면 이때부터 속사람과 겉사람의 싸움이 시작되기 때문입니다. 사도 바울이 말한 '선한 싸움'이 시작되는 것입니다.

> "나는 선한 싸움을 싸웠고, 내가 달려가야 할 길도 끝냈으며, 믿음도 지켰습니다. 이제 내게는 영광의 면류관을 받는 일만 남았습니다. 그 면류관은 하나님과 함께하며 의롭게 살았다는 표시로 주시는 상입니다. 주님이 바로 정의의 재판관이시기 때문에 마지막 그 날에 주님은 내게 면류관을 주실 것입니다. 또한 나뿐만 아니라 주님이 다시 오시기를 간절한 마음으로 기다리는 모든 사람에게도 주실 것입니다."[67] (딤후 4:7-8, 쉬운)

우리가 이 두 번째 단계에서 분명하게 기억해야할 것은 거듭날 때 감격과 감사와 은혜가 있지만 또한 '겉사람과 속사람의 싸움'이 시작된다는 것입니다. 많은 사람들이 이걸 모릅니다. 그래서 감격과 감사와 은혜에만 취해 있을 뿐 속사람과 겉사람의 싸움을 소홀히 한다는 것입니

---

66) "하나님의 성령을 근심하게 하지 말라 그 안에서 너희가 구원의 날까지 인치심을 받았느니라"(엡 4:30, 개정)
67) "나는 선한 싸움을 싸우고 나의 달려갈 길을 마치고 믿음을 지켰으니 이제 후로는 나를 위하여 의의 면류관이 예비되었으므로 주 곧 의로우신 재판장이 그 날에 내게 주실 것이며 내게만 아니라 주의 나타나심을 사모하는 모든 자에게 도니라"(딤후 4:7-8, 개정)

Part 4 성령의 영적 세계

다. 결국 겉사람이 이김으로 인해 첫사랑의 감격이 사라지고 마는 것입니다. 모르기 때문입니다. 그러므로 우리는 이 두 번째 단계에서는 '은혜'뿐 아니라 '싸움'도 있다는 것을 기억해야 합니다. 그리고 이 싸움에서 이겨야 합니다. 비록 넘어질 때도 있지만, 이 싸움에서 이길 때 더 깊은 영적 성장으로 나가게 됩니다.

이 단계에서 영적 성장을 위한 필요한 요소 :
'혼적인 헌신과 수고의 순종'

지금 누군가 거듭남을 체험한 분이 계시다면 이 상태는 성령님이 생수의 강을 열어 영으로부터 기름부으심을 혼으로 흐르게 하고 있는 상태입니다.[68] 영과 혼이 연결된 심령을 통해 성령의 기름부음이 흘러가는 것입니다. 그래서 이때는 우리가 마음에 감격과 감사가 있고 하나님의 은혜를 느끼는 것입니다. 그러나 이 상태로 그냥 있으면 기름부음은 얼마 가지 않아 막혀 버립니다. 여전히 죄성을 가진 혼이 깨끗해지지 않으면 거룩한 영과 온전한 연합을 이룰 수 없기 때문입니다. 그래서 이 두 번째 영적 성장의 단계에서 가장 필요한 것이 '혼의 순종'입니다.

---

[68] "나를 믿는 자는 성경에 이름과 같이 그 배에서 생수의 강이 흘러나오리라 하시니"(요 7:38, 개정)

나는 신앙의 첫 사랑을 잃었던 사람입니다. 거듭남을 체험한 후 마치 구름을 걷는 듯한 기쁨과 감격 속에 살았습니다. 그러나 몇 년이 못되서 다 사라져 버렸습니다. 뜨거웠던 열정과 감격이 온데간데없이 사라져 버린 것입니다. 어느 날 순간적으로 환상이 보이는데 내 안의 예수님이 석고상으로 보였습니다. 성령님이 내 안에 죽은 예수님을 보여 주신 것입니다. 그러나 이 예수님을 어떻게 살려야 할지 몰랐습니다. 아무도 가르쳐 주지 않았기 때문입니다. 그래서 그 후 10년이 넘도록 종교생활을 했습니다.

이렇듯 우리가 거듭남으로 감격과 감사와 은혜를 체험하지만 신앙이 식어 버릴 수 있습니다. 많은 그리스도인들이 이러한 경험을 합니다. 감격과 감사의 신앙생활을 계속 유지하고 싶지만 어떻게 해야 할지를 모르기 때문입니다. 이제부터 이것에 대해 말씀을 드리고자 합니다.

마르다와 마리아를 통해 배우는 교훈 - '기본적인 양식에 충실하기'

"그들이 길 갈 때에 예수께서 한 마을에 들어가시매 마르다라 이름하는 한 여자가 자기 집으로 영접하더라 그에게 마리아라 하는 동생이 있어 주의 발치에 앉아 그의 말씀을 듣더니 마르다는 준비하는 일이 많아 마음이 분주한지라 예수께 나아가 이르되 주여 내 동생이 나 혼자 일하게

> 두는 것을 생각하지 아니하시나이까 그를 명하사 나를 도와주라 하소서 주께서 대답하여 이르시되 마르다야 마르다야 네가 많은 일로 염려하고 근심하나 몇 가지만 하든지 혹은 한 가지만이라도 족하니라 마리아는 이 좋은 편을 택하였으니 빼앗기지 아니하리라 하시니라" (눅 10:38-42, 개정)

본문을 통해 우리는 두 가지 형태의 그리스도인을 보게 됩니다. '사역적인 그리스도인'과 '영성적인 그리스도인'입니다. 이 중 누가 옳고 그른 것이 아니며 마리아의 영성과 마르다의 사역이 모두 다 필요합니다. 본문에 나오는 마리아는 '기본적인 양식을 충실하게 먹으려는 모습'이며, 반면 마르다는 '하나님의 사역에 집중하는 사람'입니다. 그러므로 둘 다 옳으며, 교회 내에 이 두 모습의 그리스도인들이 모두 필요합니다. 그러나 만약 우리가 현재 '영적으로 성장해야 하는 단계'에 있는 사람이라면 이런 사람은 마리아의 위치에 서야 합니다. 기본적인 양식에 충실해야 하는 단계입니다. 이렇게 양식도 먹지 않고 은혜가 충만하다고 하나님 사역을 감당하겠다고 먼저 나선다면 결국 마르다처럼 마음만 분주해 질 뿐 아니라 염려와 근심이 생기게 되는 것입니다.[69]

---

69) 그러나 영적으로 어느 정도 성장했는데도 영적인 양식만 먹고 사역하지 않는다면, 이런 사람에게는 '영적 비만증'이 생깁니다. 행동하지 않는 입만 살아 있는 성도가 되는 것입니다. 그러므로 우리는 사역자의 도움을 받아 먼저 나의 영적인 위치가 어디 있는지 파악한 후 마리아의 위치에 서든지 마르다의 위치에 서야 합니다.

그렇다면 이 단계에서 우리가 먹어야 할 '기본적인 양식'은 무엇일까요? 이 기본적인 양식은 '찬양이며, 예배이며, 기도이며, 말씀'입니다. 이것이 우리의 '혼의 헌신과 수고'로 공급되어야 할 영의 양식입니다. 이러한 양식을 통해 우리의 영혼이 성장되는 것입니다. 영과 혼이 더 강력히 연결되고 '연합'이 되는 것입니다. 이제 통나무로 연결되었던 것이 다리로 연결되는 것입니다. 이것을 위해 혼의 헌신과 수고로 영의 양식을 먹는 것이 필요한 것입니다.

그러나 본질상 우리의 혼과 육은 죄의 속성을 지니고 있기 때문에 기도하고 예배하고 말씀 읽고 찬양하는 것을 싫어합니다(롬 1:28). 이 또한 속사람과 겉사람의 싸움입니다. 그래서 이 단계에서는 억지로라도 영의 양식을 먹는 순종이 필요한 것입니다. 우리가 이렇게 영의 양식을 지속적으로 먹을 때 우리의 영혼의 성장이 일어나는 것입니다. 감격과 감사와 은혜가 쉽사리 소멸되지 않는 것입니다.

이런 이유로 내 안에 계신 성령님께서 "성경 읽어라, 기도하라, 예배하라, 찬양하라" 이렇게 늘 감동으로 말씀하시는 것입니다. 영적으로 성장하기 위해 반드시 필요한 양분이기 때문입니다.

영적인 양식을 먹어야 하는 이유와 그 능력

찬양, 예배, 기도, 그리고 말씀의 영적인 신선한 꼴을 날마다 먹어야 하는 이유는 이것이 하나님의 관계와 거룩함을 유지시켜 주는 원천이기 때문입니다. 또한 찬양하고 예배하며 기도하고 말씀을 읽을 때 놀라운 영적인 변동과 흐름이 있기 때문입니다.

1) 찬 양

하나님이 받으시기 원하시는 가장 아름다운 찬양 : '삶으로 드리는 찬양'

찬양을 생각하면 곡조와 가사가 있는 노래를 먼저 떠올립니다. 그러나 하나님께서 진정으로 받기 원하시는 찬양은 입술을 통해 불러지는 찬양뿐만 아니라 우리의 삶으로 드리는 찬양까지 포함한 것입니다. 성경은 우리가 하나님을 찬양하기 위해 태어난 존재라고 말합니다. 이것은 입술을 통해 찬양하도록 만들어졌다는 것과 함께 삶으로 하나님을 사랑하며 경배하도록 지은바 된 존재라는 것입니다. 만약 삶 가운데 하나님을 우선하는 삶을 살고 있다면 바로 하나님이 기뻐하시는 찬양의 삶을 살고 있는 것입니다. 이것이 하나님이 기뻐 받으시는 삶으로 드리는 찬양입니다.

그러나 또한 이뿐 아니라 우리의 입술의 찬양에도 놀라운 영적인 능력이 있습니다. 찬양을 드릴 때 영적인 세계에서 영적인 흐름이 바뀌는 것입니다.

입술의 찬양은 영적 전쟁을 위한 도구

우리가 찬양할 때 때로는 별다른 느낌이 없을 때도 많습니다. 그러나 우리가 진정으로 하나님을 경배하는 마음으로 찬양할 때 그 안에서 놀라운 변화들이 일어납니다. 찬양할 때 바로 사탄의 세력들이 무너져 내리는 것입니다.

앞에서 어머니가 축사사역을 할 때 찬양을 통해 사탄의 올무에 잡힌 지체들을 치유했던 경험을 함께 나누었습니다. 그때부터 찬양에 영적인 능력이 있다는 생각을 품게 되었습니다. 그러던 중 신학교 시절 찬양의 능력을 실제로 실감할 수 있는 경험을 했습니다. 신학교 동기들과 함께 지방 소도시에 있는 미자립 교회 중고등부 학생들을 모아 연합수련회를 매년 개최했습니다. 그 중 한 수련회에서 저녁 예배를 드리고 있을 때 고등학교 2학년 여학생 하나가 예배 도중 갑자기 괴성을 지르기 시작하는 것이었습니다. 다른 사람들의 시선이 집중되고 예배가 방해되자 신학생 몇 명이 그 여학생을 숙소로 데려가려 했습니다. 그런데 얼마나 힘이 센지 남자 서너 명이 붙었는데도 꿈쩍도 하지 않는 것이었습니다. 어떤 귀신에게는 이러한 괴력이 있습니다. 거라사 광인의 경우도 사슬을 끊어 버릴 수 있을 만큼의 괴력이 있었습니다. 여학생에게서 귀신의 정체가 드러났음을 알고 예배를 중단하고 신학교 동기들과 함께 숙소로 데리고 갔습니다. 이미 여학생의 눈동자는 초점을 잃었고 흰자위만 보이는 상태로 매우 심각한 상황이었습니다. 계속 발악하며 몸부

림치고 있었습니다

그동안 어머니의 사역을 간간히 도와 축사의 경험이 있었던 터라 내가 이렇게 명령했습니다.

"예수 그리스도 이름으로 명하노니 너의 이름이 무엇이냐"

그러자 귀신이 갑자기 입에서 침을 모우더니 내 얼굴에 '퇴'하고 뱉어 버리는 것이었습니다. 그러면서 "내가 네가 믿는 신보다 더 쎄!" 이렇게 말하는 것입니다.

때로는 우리가 영적 전신갑주를 완전하게 취하고 있지 못할 때 악한 영에게 이러한 모욕과 수모를 당할 수도 있습니다. 순간 자존심도 상하고 당혹감을 감출 수 없었으나 도저히 그대로 물러설 수 없었습니다. 그래서 먼저 찬송을 하나 부르며 본격적인 축사사역을 시작하자고 제의했습니다. 다함께 찬양을 부르기 시작했습니다. 그 장소에 함께 했던 신학생들 중 대부분은 귀신의 정체가 드러난 현장을 처음 보았습니다. 귀신이 침을 뱉으며 자기가 제일 강하다고 하질 않나, 다른 사람들을 노려보며 위협까지 하는 상황이 벌어졌으니 신학생들이 얼마나 크게 찬양을 불렀겠습니까?

"마귀들과 싸울지라 죄악 벗은 형제여
담대하게 싸울지라 저기 악한 적병과
심판 날과 멸망의 날 네가 섰는 눈앞에
곧 다가 오리라

영광 영광 할렐루야~

목이 터질세라 목청껏 찬양을 불렀습니다. 그런데 찬양이 끝날 즈음 여학생이 갑자기 우는 것이었습니다. 우는 증상도 귀신이 나갔을 때 나타날 수 있는 증상 중에 하나입니다. 그래서 찬양을 멈추고 여학생을 일으켜 주기도문, 사도신경을 외워보도록 했습니다. 주기도문과 사도신경에는 영적 권위가 있기에 귀신의 정체가 드러난 상태에서는 주기도문과 사도신경을 할 수 없습니다. 또한 이 여학생이 예수님에 대한 신앙 고백을 했습니다. 점점 회복되어지는 여학생의 상태를 보며 귀신이 그 여학생에게서 떠나갔음을 알았습니다.

이것이 바로 찬양의 위력입니다. 예수 이름으로 대적하지도 않았는데 찬양을 부를 때 그 찬양의 권세 때문에 귀신이 도망쳐 버린 것입니다. 우리가 신령과 진정으로 찬양하기 시작할 때 이렇게 보이지 않는 영적인 세계에서 영적인 변혁들이 일어나는 것입니다.

그런데 이 여학생이 다음날 저녁 캠프파이어 시간에 바닥에 또 쓰러지는 것이었습니다. 그러나 이때는 귀신들림의 현상이 아니라 입신이 된 것을 알고 여학생을 부축하여 숙소에 옮기도록 했습니다. 한 시간쯤 지난 후 깨어났을 때 예수님을 만났냐고 물었더니 그렇다고 했습니다. 예수님이 자기를 안아 주시며 "딸아. 내가 너를 사랑한다"고 말씀해 주셨다고 했습니다. 나중에 그 교회를 담당하던 전도사로부터 이 여학생에게 많은 상처가 있었다는 것을 들었습니다. 이혼으로 가정이 깨진 상태였으며 재정적으로도 어렵고 힘든 상황이라고 했습니다. 하나님께서 강권적으로 여학생을 잡고 있었던 악한 영의 결박과 올무를 끊으시며 치유하고 회복시키신 것입니다.

우리는 찬양할 때 영의 눈으로 보아야 합니다. 만약 진정으로 하나님을 찬양한다면, 우리에게는 하나님의 자녀로서의 권세가 있기 때문에 어둠의 세력이 결박되고 영적 전쟁이 일어나게 됩니다. 찬양은 강력한 영적인 무기입니다! 신령과 진정으로 찬양할 때 하늘 위에서 영적인 전쟁이 벌어지는 것입니다. 이것은 기도로서 영적 전쟁을 수행하는 것과 동일한 원리입니다. 찬양은 영적인 세계의 흐름을 변동시키며 악한 영의 올무를 풀어지게 하는 놀라운 영적인 권세가 있습니다. 그래서 찬양 할 때 때로는 눈물이 나며, 회개가 터지며, 거듭남의 경험을 하는 것이 그 순간 영적 전쟁이 수행되고 있기 때문입니다. 찬양의 권세로 사탄의 결박이 풀어지며 우리의 영혼이 자유롭게 되는 것입니다.

우리의 삶 전체를 찬양의 예물로서 하나님께 온전히 드리며 신령과 진정으로 찬양한다면 어둠의 세력들은 우리를 감당하지 못할 것입니다. 한길로 왔다가 일곱 길로 도망칠 것입니다.

"주님께서는 어린이들과 젖 먹는 아기들이 주님께 찬양을 올리도록 하셨습니다. 주님께 대항하는 원수들과 적들과 보복하려는 자들을 침묵시키기 위해서입니다."[70] (시 8:2, 쉬운)

2) 예 배

예배를 드려야 하는 이유 : '믿음을 유지시키는 원동력'

우리가 예배를 드려야 하는 여러 이유가 있지만 가장 중요한 이유는, 예배는 '우리의 영을 성장시키는 가장 강력한 도구'이기 때문입니다. 우리가 예배를 멈추게 될 때 믿음은 점차로 소멸되고 맙니다.

내가 다녔던 초등학교에서는 겨울에 조개탄을 사용하여 난방을 했습니다. 조개탄 난로는 겨울이면 선연히 떠오르는 학창시절 추억 속의 물건입니다. 지금은 환경이 좋아져 온풍기나 가스난로가 그 자리를 대신 차지하고 있지만 그 시절 난방은 연약하기 그지없었습니다. 교실 한 가운데 덩그러니 놓여있는 자그마한 난로 하나가 고작이었습니다. 조개탄에 불을 지피기 위해 불쏘시개인 나무를 넣고 불이 붙으면 그 위에 조개탄을 쏟아 붓습니다. 조개탄에 서서히 불이 붙기 시작하면 무서울

---

70) "주의 대적으로 말미암아 어린 아이들과 젖먹이들의 입으로 권능을 세우심이여 이는 원수들과 보복자들을 잠잠하게 하려 하심이니이다"(시 8:2, 개정)

정도로 화력을 냅니다. 난로 주변의 학생들의 이마에 어느새 땀방울이 송골송골 맺힐 정도로 그 화력이 대단했습니다. 그러나 난로에서 조개탄을 꺼내 밖에 내 놓으면 그 조개탄은 금세 식어 버리고 이내 꺼지고 맙니다.

난로에서 분리되어 나온 조개탄이 금세 식어버리는 것처럼 우리가 지속적으로 예배드리지 않는다면 신앙생활에서 이렇게 믿음이 소멸되어 버립니다. 예배는 우리의 믿음을 계속 유지시켜 주는 믿음의 원동력입니다. 자동차로 비유한다면 바로 강력한 엔진과 같은 것입니다.

말씀과 기도와 찬양이 하나로 어우러진 강력한 예배는 우리의 영을 보호하며 하나님의 나라의 큰 그림 속에서 영적 전쟁을 수행할 수 있도록 도와줍니다. 그렇기 때문에 신령과 진정으로 드려지는 예배 가운데 귀신이 쫓겨 나가기도 하며, 병이 치유되고, 상처와 연약한 것들이 회복되는 것을 체험하게 되는 것입니다. 또한 성령의 강력한 임재하심을 체험하기도 합니다. 이러한 예배를 경험한 사람이라면 예배가 얼마나 큰 능력의 무기인지를 고백할 것입니다.

진정한 예배는 영적 전쟁의 강력한 도구

예배에 포함되어 있는 기도와 찬양과 말씀은 우리의 영적인 근육들을 성장시키는 도구입니다. 또한 예배는 영적전쟁의 무기이기도 합니다. 예배 안에서 하나님의 임재와 통치가 일어나고 있음으로 예배를 통해 아주 강력한 영적 전쟁을 수행할 수 있는 것입니다.

앞에서 말한 고 2 여학생에게 숨어 있던 귀신도 예배드릴 때 드러났습니다. 귀신이 예배 가운데 견디지 못하고 그 순간 '분리'가 일어난 것입니다. 진정한 예배는 마치 용광로의 불같아서 그 속에서 결코 버틸 수 없기 때문에 귀신이 드러나는 것입니다.

그리고 내가 대적사역 할 때 귀신이 드러나면 반드시 두 가지 질문을 한다고 말씀드렸습니다.
"이 우주에게 가장 강한 분이 누구시냐?"는 질문과 "하나님에게 이 사람이 어떤 존재이냐?"라는 질문을 한다고 했습니다. 그리고 이와 함께 종종 "너희 악한 영들은 어느 때 힘이 약해지느냐"라고 묻습니다.
과연 귀신들이 어떤 때 힘이 약해질까요?
눈에 보이지 않는 귀신을 향해 소리 지르며 윽박지를 때 귀신이 약해질까요? 귀신에게 매운 마늘을 들이대면 귀신이 힘을 잃을까요? 십자가로 성호를 그으면 세력이 약해질까요?
결단코 이런 행동으로는 귀신을 쫓아 낼 수도 약하게 만들 수도 없습니다.
귀신들이 대답합니다.
자신들이 약해질 때는 "예배드릴 때", "기도할 때"라고 말합니다.

우리가 예배드릴 때, 기도할 때, 찬양할 때 귀신의 세력은 약해집니다.

그러나 우리가 예배를 드리더라도 형식적이며 습관적인 예배를 드린다면 강력한 영적 권세가 나타나지 않습니다. 반면 우리가 하나님의 자녀로서 기쁨과 감격으로 진정한 예배를 드린다면 우리 머리 위에 있는 견고한 진들이 다 파괴될 것입니다.[71] 그래서 우리가 진정으로 예배드릴 때 거듭남과 회개를 경험하고, 눌렸던 것들이 풀어지며, 영의 기쁨을 느끼며 회복을 경험하게 되는 것입니다.

3) 기 도

강건한 영에서 나오는 기도 : '부르짖는 기도'

우리는 기도가 영적 전쟁에서 강력한 도구라는 것을 알고 있습니다. 그러나 기도 중에서도 어떤 기도가 영적인 흐름에서 강력한 힘을 발휘할까요? 바로 '부르짖는 기도'입니다. 하지만 어떤 사람들은 부르짖는 기도를 경박하다고 생각합니다. 또 '꼭 그렇게 부르짖어야만 하나님이

---

71) 사도 바울은 고린도후서 10장 4절에서 이렇게 말했습니다. "우리의 싸우는 무기는 육신에 속한 것이 아니요 오직 어떤 '견고한 진도 무너뜨리는 하나님의 능력이라" 우리 눈에 보이지 않을지라도 우리 위에는 악한 영들의 '견고한 진'이 있습니다.

들으시는가'라며 부정적인 태도를 취하기도 합니다.

예전에는 나도 그랬습니다. 보수적인 장로교단에 소속되어 있었기 때문에[72] 예배드릴 때 박수도 치지 않았고, 피아노 외에는 다른 악기도 사용되지 않았습니다. 기도 소리를 밖으로 내지도 않았습니다. 예배드리면 기침 소리밖에 나지 않았습니다. 그래서 처음 다른 교회에서 통성기도를 접했을 때는 거부감이 있었습니다.

'교회가 무슨 시장 통인가?'

하지만 이런 시장 통 같은 교회에서 성령 세례를 체험하게 되었습니다. 입을 열고 부르짖어 기도할 때 성령이 강하게 임재하신 것입니다.

하나님께서 말씀하셨습니다.

> "너는 내게 부르짖으라 내가 네게 응답하겠고 네가 알지 못하는 크고 은밀한 일을 네게 보이리라" (렘 33:3, 개정)

하나님은 우리가 속으로 기도해도 다 들으시는데, 왜 굳이 부르짖으라고 하신 걸까요?

이유가 있습니다.

하나님은 우리의 신음 소리조차도 다 들으시는 분이십니다. 속으로

---

72) 지금은 한국 교회에서 통성기도를 하지 않는 교단이 거의 없지만 30년 전에는 교단마다 특색이 있었습니다.

중얼거리는 작은 기도 소리조차도 하나도 버리지 않고 하나님은 다 들으십니다. 그러나 하나님이 진정으로 원하시는 기도는 '강건한 영으로 부르짖는 기도'입니다. 겉으로 보면 조용한 기도와 부르짖는 기도는 소리의 강도 이외에 별 차이점이 없다고 생각할지 모릅니다. 그러나 영적으로 볼 때 현격한 차이가 있습니다.

예를 들어 우리가 3일, 4일을 아무것도 먹지 않은 기력이 탈진한 상태에서 소리칠 때 소리가 나옵니까? 힘이 있고 기력이 있을 때 소리를 지르며 혈기를 낼 수 있는 것이 아닙니까?

기도 또한 마찬가지입니다. 영적인 기력이 소진되어 있는 상태로는 절대로 부르짖는 기도를 할 수 없습니다. 부르짖는 기도를 한다는 것은 '그 사람의 영적인 상태가 강건하다'는 증거입니다. 신앙생활을 취미 삼아 하는 사람 중에 강력하게 부르짖으며 기도하는 사람을 본 적이 없습니다. 나의 경우도 강력한 성령세례 체험이후에 바뀐 것이 있다면 부르짖는 기도가 나오기 시작했다는 것입니다.

영적으로 강건한 사람이 부르짖는 기도를 하게 됩니다. 또한 부르짖는 기도를 통해 영이 강건해 집니다.

부르짖는 기도는 '영적 세계를 여는 통로'

그리고 우리가 강력하게 부르짖어 기도해야 할 또 다른 이유가 있습니다. 하나님이 우리에게 이런 기도를 요구하시기 때문입니다.

이스라엘 민족을 보십시오. 그들이 죄를 짓고 심판에 직면했을 때 하나님이 그들에게 요구한 것이 무엇입니까?

"부르짖으라" 하신 것입니다.[73]

"나를 향해 부르짖으라"하신 것입니다.

이들에게 부르짖으며 "잘못을 회개하며 하나님께 나오라"하신 것입니다.

하나님이 이것을 요구하신 이유는 이들이 죄에 빠져 하나님과 멀어졌을 때 부르짖음을 통해 다시 '하나님과의 통로'가 열리기 때문입니다. 이 부르짖는 기도를 통해 심령과 영이 강건해질 뿐 아니라, 하나님과의 통로가 더 강력하게 열리는 것입니다. 그래서 하나님은 '너는 내게 부르짖으라 내가 네게 응답하겠고, 네가 알지 못하는 크고 은밀한 것을 네게 보이리라' 하신 것입니다.

어떤 분들은 부르짖는 기도를 보면서 아름다운 모습이 아니라고 치부하나 그렇지 않습니다. 부르짖는 기도를 할 때 놀라운 영적인 흐름이 일어나며, 이 기도를 통해 하나님이 하늘 문을 열어 역사하시는 것입니다.

기억하시기 바랍니다.

부르짖는 기도는 '하늘 문을 여는 기도이며 권능의 기도'입니다. 강력

---

73) '너희는 금식일을 정하고 성회를 소집하여 장로들과 이 땅의 모든 주민들을 너희 하나님 여호와의 성전으로 모으고 여호와께 부르짖을지어다"(욜 1:14, 개정)

한 능력의 기도입니다. 우리가 부르짖을 때 하나님께 강력하게 호소하며 나아가는 것이므로 하나님과의 영의 통로가 열리게 됩니다. 그리고 하나님은 그 열려진 통로를 통해 역사하시는 것입니다. 그래서 부르짖는 기도를 많이 하는 사람이 하나님의 크고 비밀한 것을 더 많이 체험하는 것은 당연한 영적 원리입니다. 속으로 하는 기도도, 신음하는 기도도, 작은 소리의 기도도 하나님은 모두 다 들으시지만 우리가 강력하게 부르짖어 기도할 때 우리 위에 있는 견고한 진이 파쇄되며 기도가 불기둥이 되어 하늘의 보좌까지 뚫고 올라가는 것입니다. 이것이 바로 부르짖는 기도의 강력입니다! 부르짖어 기도하십시오. 우리가 부르짖어 기도할 때 영적 세계의 흐름이 바뀌는 것을 체험하게 될 것입니다.

4) 말씀

말씀은 신앙의 중심을 잡는 기둥

하나님은 살아 계시며 친히 말씀하시는 하나님이십니다. 이 하나님이 우리에게 문자적인 성경 말씀을 주셨습니다. 성경을 통해 배우도록 말입니다.

하나님은 성경 말씀을 통해 말씀의 본체이신 예수 그리스도를 조명해 주셨습니다. 성경 말씀은 예수 그리스도를 조명하기 위한 설명입니다. 성경 말씀을 통해 말씀의 실체이신 예수 그리스도를 바라볼 수 있는 통로가 열리는 것입니다. 이것이 바로 성경 말씀을 영의 양식으로 먹어야 하는 이유입니다. 또한 성경을 통해서만 하나님이 어떤 분인지, 예수님이 어떤 분인지 성령님이 어떤 분인지 알게 되기 때문이고, 하나님이 어떻게 이 세상을 운행하시는지도 알게 되기 때문입니다. 또한 우리는 빛과 소금의 역할을 감당하는 참된 그리스도인의 행동양식과 소양을 성경을 통해 배울 수 있습니다. 그래서 성경 말씀을 제대로 먹지 않는다면 우리의 신앙이 견고히 자랄 수 없게 됩니다.

뿐만 아니라 성경 말씀을 양식으로 지속적으로 먹어야 하는 이유는 우리가 말씀으로 견고하게 서 있지 못할 때 이단의 공격에 쉽게 미혹 될 수 있기 때문입니다. 이단의 세력들은 날로 강성해지고 있으며 성경 말씀을 교묘히 해석하여 자기들의 교리나 주장을 정당화하고 있습니다. 이러한 때 우리가 말씀으로 뿌리를 내리지 못한다면 거짓복음과 이단의 공격에서 결코 자유로울 수 없을 것입니다. 또 말씀이 없는 상태에서 다른 거짓 가르침들이 들어올 때 분별할 수 없게 되므로 찬양과 예배와 기도도 함께 무너지게 됩니다.

말씀은 신앙생활에 있어 좋은 토양과도 같습니다. 말씀의 토양 위에 기도, 찬양, 예배와 다른 좋은 것들이 심겨질 때 건강한 나무로 자라나 풍성한 열매를 맺게 되는 것입니다. 말씀이 신앙생활의 기초이기에 말씀을 읽지 않는다면 모래 위에 지은 집과 같이 되는 것입니다. 바람이 불고 비가 오면 무너져 내리는 것입니다. 반석 위에 세울 수 있는 것이 바로 하나님의 말씀인 것입니다.

그러므로 우리 그리스도인들은 신앙생활 가운데 반드시 말씀을 기둥으로 삼고 말씀으로 삶을 조명해 나가야 합니다. 말씀이 우리의 심령 안에 온전히 뿌리를 내리게 된다면 성경 말씀에 나오는 예시들을 삶 속에서 실천할 수 있도록 성령님께서 도와주시며 레마를 통해 가르쳐 주실 것입니다.

찬양, 예배, 기도, 말씀은 우리를 성장시키는 기본적인 영의 양식입니다. 우리의 혼적인 헌신과 수고를 통해 영의 양식을 우리가 지속적으로 먹을 때 영과 혼이 강건하게 되며, 영혼의 연합이 더 강하게 됩니다. 영혼의 영적 성장이 일어나는 것입니다.

이 장을 통해 우리의 혼(육)의 수고와 헌신을 강조하는 이유는 '영은 독립적으로 활동할 수 없는 존재'이기 때문입니다. 천사는 영의 존재이기에 영만으로도 존재할 수 있지만, 인간은 그렇지 못합니다. 반드시 영 + 혼 + 육의 결합체로 존재합니다.[74] 그렇기 때문에 잠자고 있던 영이 깨어나 성장하기 위해서는 반드시 혼의 헌신과 수고를 통해 영을 성

---

74) 인간이 타락하기 전에는 영이 리더가 되어 혼과 육을 이끌었습니다. 그러나 죄로 인해 타락한 후에는 영과 혼의 분리가 일어났고 이로 인해 영은 죽게(잠들게) 되었습니다. 그러나 우리가 거듭날 때 다시 영이 깨어납니다. 하지만 깨어난 영을 성장시키지 않는다면 다시 잠들 수 있습니다. 영이 성장할 때 다시 리더로서 혼과 육을 이끌 수 있는 것입니다. 그러므로 영이 성장하기 전까지는 혼이 예배, 찬양, 기도, 말씀을 통해 영에게 양식을 지속적으로 공급해 주어야 합니다. 이 영의 양식과 성령님의 통치하심으로 우리의 영이 강건하게 성장하게 되는 것입니다.

장시켜야 하는 것입니다. 그리고 이렇게 우리의 영혼이 성장될 때 성령님은 더 높은 영적 성장의 단계로 우리를 이끄십니다.

3. 성령님이 우리를 성장시키는 세 번째 단계

혼이 영에 '순복'하는 단계
먼저 그의 나라와 의를 구하는 '의인'의 단계

앞 장의 두 번째 단계에서는 성령님이 구원의 보증자가 되신다는 것에 대해 말씀드렸습니다. 또한 우리의 영이 성장하기 위해서는 '혼의 수고와 헌신이 필요'하다는 것도 말씀드렸습니다. 이 번 장에서는 이 단계를 넘어선 사람들을 성령님이 어떻게 성장시키는지에 대해 말씀드리고자 합니다.

3 단계 : 혼이 영에 '순복'하는 단계 /
먼저 그의 나라와 의를 구하는 '의인'의 단계

이 단계는 영과 혼의 연합을 넘어서 혼이 영에 순복하는 단계입니다. '자신의 삶을 내려놓고 하나님의 나라와 의를 위해' 사는 단계입니다.

보통 세상에서 우리의 혼과 육은 자신의 생각과 뜻대로, 육체의 소욕대로 살아갑니다. 그러나 영적인 3 단계에 이른 사람들은 이러한 육체적인 삶을 내려놓고, 하나님의 뜻과 의를 이루기 위해 혼을 영(성령)에 복종시킵니다. 이런 사람이 '의인의 단계'에 이른 사람입니다.

그렇다면 이 의인의 단계에 이른 사람들은 어떤 영적 수준에 이른 사람들일까요?

성경을 통해 보는 의인의 단계에 이른 사람들

구약에서 말하는 의인

구약 성경을 보면 하나님이 인정하시는 의인들이 있습니다. 대표적으로 아브라함, 모세, 노아, 다윗 등이 하나님이 의인으로 평가하는 사람들입니다. 그러면 하나님이 의인이라 칭하는 기준은 무엇일까요?

먼저 아브라함을 통해 나타난 의인의 조건은 '하나님과의 친밀도'입니다.

아브라함은 하나님과 벗된 자였고, 하나님의 마음을 아는 자였습니다. 하나님은 이런 아브라함을 의인으로 보셨습니다. 성경에서 '의인의 간구는 역사하는 힘이 크다'(약 5:16)고 했는데, 아브라함이 의인이었기에 간구했을 때 하나님이 그 간구를 들으셨던 것입니다.

"아브라함이 가까이 나아가 이르되 주께서 의인을 악인과 함께 멸하려 하시나이까 그 성 중에 의인 오십 명이 있을지라도 주께서 그 곳을 멸하시고 그 오십 의인을 위하여 용서하지 아니하시리이까 주께서 이같이 하사 의인을 악인과 함께 죽이심은 부당하오며 의인과 악인을 같이 하심도 부당하니이다 세상을 심판하시는 이가 정의를 행하실 것이 아니니이까 여호와께서 이르시되 내가 만일 소돔 성읍 가운데에서 의인 오십 명을 찾으면 그들을 위하여 온 지역을 용서하리라 아브라함이 대답하여 이르되 나는 티끌이나 재와 같사오나 감히 주께 아뢰나이다 오십 의인 중에 오 명이 부족하다면 그 오 명이 부족함으로 말미암아 온 성읍을 멸하시리이까 이르시되 내가 거기서 사십오 명을 찾으면 멸하지 아니하리라 아브라함이 또 아뢰어 이르되 거기서 사십 명을 찾으시면 어찌 하려 하시나이까 이르시되 사십 명으로 말미암아 멸하지 아니하리라 아브라함이 이르되 내 주여 노하지 마시옵고 말씀하게 하옵소서 거기서 삼십 명을 찾으시면 어찌 하려 하시나이까 이르시되 내가 거기서 삼십 명을 찾으면 그리하지 아니하리라 아브라함이 또 이르되 내가 감히 내 주께 아뢰나이다 거기서 이십 명을 찾으시면 어찌 하려 하시나이까 이르시되 내가 이십 명으로 말미암아 그리하지 아니하리라 아브라함이 또 이르되 주는 노하지 마옵소서 내가 이번만 더 아뢰리이다 거기서 십 명을 찾으시면 어찌 하려 하시나이까 이르시되 내가 십 명으로 말미암아 멸하지 아니하리라 여호와께서 아브라함과 말씀을 마치시고 가시니 아브라함도 자기 곳으로 돌아갔더라"(창 18:23-33, 개정)

하나님은 이미 소돔과 고모라를 멸망시킬 작정을 하셨지만, 아브라함의 기도를 듣고 마음을 바꿀 생각을 하셨습니다. 이것이 의인의 간구입니다. 의인의 간구는 이미 결정한 하나님의 뜻까지도 바꿀 수 있는 능력이 있는 것입니다. 그래서 '의인의 간구가 역사하는 힘이 크다'고 말한 것입니다.

하나님이 소돔과 고모라에서 찾기 원하셨던 의인이 바로 아브라함과 같은 의인이었습니다. 하나님과 친밀하고 가깝고 하나님의 마음을 아는 자들을 찾으셨던 것입니다.

하나님은 우리가 이런 아브라함의 의인의 수준까지 성장하길 바라십니다.

모세 또한 의인이었습니다. 모세가 하나님께 의인으로 인정받는 가장 중요한 요소는 바로 '순종'입니다. 만약 모세가 순종하지 않았다면 이스라엘 민족은 출애굽을 하지 못했을 것입니다. 모세의 순종으로 하나님의 전능성을 드러내는 열 가지 재앙이 성취되었고 출애굽이라는 역사적인 사건이 일어날 수 있었습니다.

또한 모세가 의인이었기에 그가 간절히 간구했을 때 하나님이 결정한 것도 바꾸신 것입니다.

> "여호와께서 또 모세에게 이르시되 내가 이 백성을 보니 목이 뻣뻣한 백성이로다 그런즉 내가 하는 대로 두라 내가 그들에게 진노하여 그들을 진멸하고 너를 큰 나라가 되게 하리라 모세가 그의 하나님 여호와께 구하여 이르되 여호와여 어찌하여 그 큰 권능과 강한 손으로 애굽 땅에서 인도하여 내신 주의 백성에게 진노하시나이까 어찌하여 애굽 사람들이 이르기를 여호와가 자기의 백성을 산에서 죽이고 지면에서 진멸하려는 악한 의도로 인도해 내었다고 말하게 하시려 하나이까 주의 맹렬한 노를 그치시고 뜻을 돌이키사 주의 백성에게 이 화를 내리지 마옵소서 주의 종 아브라함과 이삭과 이스라엘을 기억하소서 주께서 그들을 위하여 주를 가리켜 맹세하여 이르시기를 내가 너희의 자손을 하늘의 별처럼 많게 하고 내가 허락한 이 온 땅을 너희의 자손에게 주어 영원한 기업이 되게 하리라 하셨나이다 여호와께서 뜻을 돌이키사 말씀하신 화를 그 백성에게 내리지 아니하시니라" (출 32:9-14, 개정)

하나님은 의인이며 순종의 종이었던 모세의 간구를 들어 이스라엘 백성들을 진멸하겠다는 하나님의 뜻을 돌이키셨습니다. 하나님은 조변석개하시는 분이 아니십니다. 그러나 하나님은 의인의 간구를 들으십니다. 오직 그의 나라와 의를 구하는 삶을 사는 의인의 간구를 듣고 하나님의 뜻을 돌이키시며 결정을 바꾸시기도 하십니다. 이것이 바로 의인이 간구할 때 나타나는 큰 능력인 것입니다.

120년 동안 방주를 지어 하나님의 심판을 경고했던 노아도 당대의 의인(창 6:9)이었습니다. 또한 창세기 7장 1절에서 하나님께서 노아의 의로움을 보았다고 말씀하셨습니다. 의인인 노아가 하나님께 보인 것이 무엇입니까? 바로 '내려놓음'입니다. 불과 일 이년이 아니라 120년 동안 방주를 만들 수 있었던 것은 하나님의 약속의 말씀, 심판의 경고를 듣고 자신의 모든 삶을 내려놓았기 때문입니다. 자신을 쳐서 하나님께 완전히 복종시킨 것입니다. 노아는 자신의 삶을 내려놓고 쳐서 복종시킴으로 의인의 단계에 이른 사람입니다.

> "하나님이 노아에게 이르시되 모든 혈육 있는 자의 포악함이 땅에 가득하므로 그 끝 날이 내 앞에 이르렀으니 내가 그들을 땅과 함께 멸하리라 너는 고페르 나무로 너를 위하여 방주를 만들되 그 안에 칸들을 막고 역청을 그 안팎에 칠하라 네가 만들 방주는 이러하니 그 길이는 삼백 규빗, 너비는 오십 규빗, 높이는 삼십 규빗이라 거기에 창을 내되 위에서부터 한 규빗에 내고 그 문은 옆으로 내고 상 중 하 삼층으로 할지니라... 노아가 그와 같이 하여 하나님이 자기에게 명하신 대로 다 준행하였더라" (창 6:13-16, 22 개정)

다윗 또한 하나님이 보시는 의인입니다. 하나님은 이것을 '내 마음에 합한 자'(행 13:22)로 표현하셨습니다. 다윗은 하나님과 합한 자로 하나님의 마음을 시원케 하며 흡족하게 하는 영적인 소통이 있었던 사람이었습니다.

아브라함, 모세,[75] 노아, 다윗은 하나님의 시각에서 의인으로 평가된 사람들입니다. 구약에서는 '하나님을 아는 자', '하나님의 마음을 시원케 하는 자, 하나님의 뜻과 소원을 알고 이 땅 가운데 이루고자 하는 자'들이 하나님이 보시는 의인의 기준입니다.

신약에서 말하는 의인

그러나 신약시대에는 의인에 대한 관점이 달라집니다. 왜냐하면 이제 성령님이 우리의 영안에 임재하시기 때문입니다. 그래서 신약시대부터는 예수 그리스도를 믿고 성령님을 모셔드린 사람은 모두 하나님 앞에서 의인이라 칭함을 받습니다.

> "사람이 의롭게 되는 것은 율법의 행위로 말미암음이 아니요 오직 예수 그리스도를 믿음으로 말미암는 줄 알므로 우리도 그리스도 예수를

---

[75] 모세는 의인이기도 하지만 이 단계를 넘어 온전히 영혼육을 하나님이 통치한 사람입니다.

> 믿나니 이는 우리가 율법의 행위로써가 아니고 그리스도를 믿음으로써 의롭다 함을 얻으려 함이라 율법의 행위로써는 의롭다 함을 얻을 육체가 없느니라"(갈 2:16, 개정)

예수 그리스도를 믿는 믿음으로 말미암아 우리는 이제 '의인으로 칭함을 받는 것'입니다.

만약 하나님의 아들이신 예수님께서 우리의 구원사역을 완성하셨다는 믿음이 있다면 하나님이 보실 때 우리는 의인인 것입니다. 이제 이러한 믿음을 소유한 자가 바로 의인이며 그가 간구할 때 역사하는 힘이 크게 됩니다.

그러나 우리가 유의해야 할 것은 우리가 믿음으로 의인이 되었다할지라도 내 안의 '성령님의 통치권의 강도'에 따라 역사의 힘이 다르게 나타납니다. 구약의 의인들이 하나님과 친밀할수록 역사하는 힘이 강했듯이 말입니다.

비록 내 영혼이 연합되어 있다할지라도 혼이 영에 순복하지 않고, 세상의 방식대로 육신의 방법대로 여전히 살아간다면, 혼에 대한 성령님의 영향력이 적음으로 역사하는 힘이 적을 수밖에 없는 것입니다. 반대로 우리의 혼이 영에게 순복하면 할수록 성령의 역사하는 힘은 더 커지게 되는 것입니다. 온전히 하나님께 순복하는 삶을 살 때 의인의 간구는 역사하는 힘이 크기 때문입니다.

우리는 성경을 통해 하나님이 바라보시는 의인이 어떤 모습인지를 보았습니다.

신약과 구약에서 의인을 구분하는 개념에는 차이가 있습니다. 그러나 이들에게 나타나는 공통적인 특징이 있습니다. 그것은 하나님이 보실 때 의인은 '하나님의 마음을 아는 자'이며, '하나님을 사랑하는 자'이며, '하나님을 사랑함으로 자기를 내려놓는 자'이며, 결국 그로 말미암아 '완전하게 하나님께 순복하는 자'들입니다. 세상에서 말하는 선과 악의 갈림길에서 선하고 착한 것을 선택하는 사람이 의인이 아니라, '하나님과 친밀한 자', '하나님과 교제하는 자', '하나님과 소통하는 자', '하나님 말씀에 순종하는 자'가 바로 하나님이 인정하시는 의인인 것입니다.

성령님은 우리가 영의 양식을 지속적으로 먹으며 영혼이 성장한다면, 우리를 의인의 단계로 이끄십니다. 먼저 그의 나라와 의를 구하는 삶의 단계로 성장시키는 것입니다. 이것이 성령님이 영적인 3단계에서 우리를 통해 이루기 원하시는 영적 성숙입니다. 온전히 성령님의 뜻에 혼이 영에 순복하는 단계인 것입니다.

우리가 이렇게 성장될 때 이제 하나님은 우리를 동역자로 삼으십니다. 아브라함을 통해 그 분의 뜻을 이루셨던 것처럼, 이런 의인들을 통해 하나님의 뜻을 이루어 나가십니다.

만약 이러한 단계에 이른 사람들이 소돔에 10명만 있었더라도 소돔은 멸망하지 않았을 것입니다.

우리가 이러한 의인의 단계에 이르게 되면, 역사하는 힘도 강하게 나타납니다. 이런 자들이 병자를 위해 손을 얹고 기도할 때 치유가 일어납니다. 이런 사람들이 불의와 불법이 있는 곳에 설 때 회개와 뉘우침이 일어납니다. 또 귀신을 향해 명하면 귀신이 두려워 떨며 도망을 칩니다.

하나님은 이러한 의인들을 통해 땅을 치유하고 회복시키는 것입니다. 하나님은 우리가 이런 의인에 단계에까지 영적으로 성장하길 원하십니다.

4. 성령께서 우리를 성숙시키는 네 번째 단계

성령께서 온전히 영혼육을 '통치'하시는 단계
= '하나님 형상의 회복 단계'

앞 장에서 영의 성장 단계 중 '의인의 단계'에 이른 사람들은 '먼저 그의 나라와 의를 구하는 삶'을 살게 된다고 했습니다. 그리고 우리가 이런 의인의 단계로 온전히 성장하게 되면 성령님은 다음 단계로 우리를 이끄십니다. 성령님이 우리의 영혼육을 온전하게 통치하는 단계입니다. 성령님이 우리의 영혼육을 온전히 통치하게 될 때 우리는 '하나님의 형상'으로 회복되며 삶 가운데 하나님의 권능이 나타나기 시작합니다.

4 단계 : 성령께서 온전히 영혼육을 '통치'하시는 단계
= '하나님 형상의 회복 단계'

이 4 단계는 이제 성령님께서 우리의 영혼육을 온전히 통치하는 단계입니다. 아담이 처음 창조될 때의 모습으로 회복되는 것입니다.[76] 아담이 타락하기 전에는 혼과 육이 영(하나님의 인성과 신성)의 통치를 받았습니다. 이 4 단계가 바로 이러한 아담의 단계인 '하나님 형상의 회복 단계'인 것입니다. 성령님이 온전히 영과 혼과 육을 통치하는 것입니다.

이렇게 성령에 의해 영혼육이 통치하게 된다면, 영 안의 하나님의 인성과 신성이 심령을 통해 혼을 통해 흐르게 되고 육체 또한 통치하면서 그 사람의 삶 가운데 성령의 열매(인성)가 맺히며, 하나님의 권능(신성) 또한 나타나게 됩니다. 이것이 온전히 성령께 영혼육이 통치될 때 나타나는 모습입니다.

영혼에 연관된 잠재의식과 잠재능력을 이해하기

우리는 살아가면서 '잠재의식'(무의식)이라는 단어를 자주 사용합니다. 사전적인 의미로는 '의식이 접근할 수 없거나 부분적으로 밖에 의식되지

---

76) 물론 '완벽한' 하나님의 형상으로의 회복은 우리가 천국에 갔을 때 이루어질 것입니다. 그러나 이 세상에 살면서 성령님께 우리의 영혼육이 온전히 통치를 받는다면, 이것 또한 온전한 하나님의 형상으로 회복된 단계에 이른 것입니다.

않는 정신적인 영역'이라고 표현합니다. 그러나 잠재의식의 진정한 의미가 무엇인지 제대로 아는 사람은 많지 않은 것 같습니다. 잠재의식에 대해 연구하는 사람조차도 잠재의식이 영에 속한 부분인지, 혼에 속한 부분인지 명확하게 구분하지 못하고 있습니다. 명확한 구분 없이 우리는 그저 '잠재의식을 깨워라'라는 식으로 이 말을 사용합니다.

그렇다면 잠재의식은 과연 무엇이며 어느 부분에 속한 것일까요?

잠재의식은 '혼의 무의식에 속한 것'입니다. 더 엄밀히 말해 이것은 '지정의'의 깊은 영역 안에 있는 것이며, 의식하지 못하고 눈에 보이지 않는 영역인 무의식적인 부분입니다. 우리는 이것을 잘 인지하지 못하지만 살아가면서 이 잠재의식을 많이 경험합니다. 긍정적인 능력을 경험하기도 하고 반대로 부정적인 것들을 경험하기도 합니다.

예를 들어 어떤 사람은 아무런 이유 없이 안경 낀 사람을 싫어하는데 그 반대의 경우도 있습니다. 어떤 사람은 수학에 흥미를 느끼지만 그 반대로 싫어하는 사람도 있습니다. 어떤 사람들은 개를 좋아하지만 그 반대로 싫어할 수도 있습니다. '왜 그러냐'고 물으면 '그냥 싫다 혹은 그냥 좋다'라고만 대답합니다. 우리의 지정의가 그것을 기억하지 못할지라도 무의식적인 부분에 이것에 대한 이미지가 심겨져 있기 때문에 무의식적으로 반응이 나오는 것입니다.

몇 년 전 어떤 여자 집사님과 내적치유 사역을 한 적이 있었는데 이분은 유난히 비 오는 날을 싫어했습니다. 비가 오면 불쾌해지며 의욕을 잃고 모든 것이 싫어진다고 했습니다. 이 분은 피아노 치는 것을 좋아해서 피아노 선생을 하고 있었지만 비 오는 날은 피아노도 싫어진다고 했습니다. "왜 그러느냐"고 물었더니 자신도 모르겠다고 했습니다. 그러다 치유사역을 하는 중에 왜 비 오는 날이 싫은지 그 이유를 알게 되었습니다.

아주 어렸을 적 부모님이 별거해 살았답니다. 아버지는 부산에서 다른 여자와 딴 살림을 차렸다고 했습니다. 집사님의 어머니는 자식 셋을 양육하며 서울에서 힘들게 사셨는데 아버지가 다시 돌아오기만을 손꼽아 기다리셨다고 했습니다. 그러나 아버지는 돌아오지 않으셨고 급기야 어머니가 자기를 데리고 부산으로 아버지를 만나러 갔다고 했습니다. 수소문 끝에 아버지를 만나게 되었는데 어머니가 자기 대신 혼자 아버지를 만나게 했답니다. 이 집사님이 아버지에게 다시 돌아와 달라며 울며불며 매달렸지만 아버지는 매몰차게 거절하고 떠나버렸다고 했습니다. 그런데 그날 비가 참 많이 왔다고 했습니다. 그 이후부터 이 집사님은 비 오는 날이 싫어졌습니다. 비 오는 날은 '아버지가 완전히 나를 버리고 떠나 버린 날'로 무의식속에 인식되어 버렸기 때문입니다. 집사님은 이 사건을 이미 오래전에 잊었지만 잠재의식은 기억하고 있었던 것입니다.

그러나 잠재의식은 이렇듯 부정적인 측면만이 아니라 긍정적인 좋은 능력을 나타내기도 합니다. 수학이나 다른 어려운 문제의 해답을 얻지 못했는데 하룻밤 자고 나니 해답이 갑자기 생각났던 경험도 있을 것입니다. 이 외에도 갑자기 달려드는 차를 무의식적으로 피하게 되는 경우도 잠재의식이 신체를 보호하도록 무의식적으로 나타내는 반응입니다. 비슷한 예는 얼마든지 찾을 수 있습니다. 뜨거운 국그릇을 들었을 때 순간적으로 몸을 보호하기 위해 반사작용이 나오는 것도 그 예일 수 있습니다. 그러나 이러한 잠재의식의 능력은 새롭게 만들어 진 것이 아니며 그동안 지정의를 통해 이미 습득했던 지식이나 경험 등이 활성화되어 잠재의식의 작용으로 풀어진 것입니다. 잠재의식은 혼의 무의식적인 작용이며 따라서 잠재의식은 우리의 혼의 작용에서 나타나는 것입니다.

그러나 우리 안에 이러한 잠재의식뿐만 아니라 '잠재능력'이라는 영역이 있음을 알아야 합니다. 이 잠재능력은 혼적인 영역이 아니라 우리의 '영 안에' 존재하는 것입니다. 앞 장에서 인간의 영혼육의 구조에 대해 다룰 때 우리의 영 안에 '하나님의 인성과 신성'이 내재되어 있다고 말씀드렸습니다. 이 잠재능력이 바로 '하나님 신성'안에 내재되어 있는 '하나님의 신적 권능의 영역'입니다.

불신자들은 혼의 '잠재의식'을 통해 어느 정도 능력을 경험할 수 있습니다. 그러나 이들의 영은 죽은 상태이기에 '잠재능력'은 경험할 수 없습니다. 잠재능력은 영이 깨어나고 '영혼육이 성령께 온전히 통치를 받을 때' 일어나는 것이기 때문입니다. 이런 사람에게서 잠재능력이 '하나님의 권능'으로 나타나는 것입니다. 이것이 바로 우리의 영안에 잠재되어 있는 잠재 능력입니다.

영혼육을 온전히 성령님께 통치 받는 사람들의 특징

1) 죄에 민감함

우리 영안에 있는 잠재능력이 실상 가운데 나타나려면 성령님이 우리의 통치자로 일어나야 합니다. 성령의 통치하심은 우리가 거듭날 때 일어나는 영적인 변화입니다. 그러나 성령의 통치함이 일어남과 동시에 속사람과 겉사람과의 싸움이 치열하게 일어난다는 것을 잊어서는 안 됩니다. 이 영적 싸움에서 속사람이 이길 때 성령의 통치는 더 강하게 일어나게 되며 의인의 단계에 이르게 될 수 있습니다. 그러나 의인의 단계에 이르렀다 할지라도 여전히 혼에 문제가 있을 수 있습니다. 하나님의 벗으로, 의인으로 칭함 받았던 아브라함과 다윗도 '혼적인 실수'로 넘어진 적이 있었습니다. 의인이라 할지라도 여전히 혼적인 문제가 남아 있을 수 있는 것입니다.

그러나 이런 혼적인 문제, 육적인 문제를 성령의 통치권 안에서 해결해 나갈 때 비로소 성령께서 우리의 영혼육을 온전히 다스릴 수 있게 됩니다. 이때 가장 치열하게 싸워야 하는 것이 '죄의 문제'입니다. 물론 우리가 거듭나는 순간부터 죄와 계속해서 싸우지만 마지막 단계인 성령께서 우리의 영혼육을 통치하는 단계에서는 하나님의 인성(인격)의 수준까지 도달하게 됩니다. 그래서 이 단계에 이른 사람에게서는 영에 있는 '하나님의 인성'이 혼과 육을 통해 흘러 나와 '성령의 열매'로 맺혀지게 됩니다.

> "성령의 열매는 사랑과 기쁨과 평화와 오래 참음과 자비와 착함과 성실과 온유와 절제입니다." (갈 5:22-23, 쉬운)

이런 성령의 열매들을 맺고 있기 때문에 이 단계에서는 '극히 사소한 죄도 바로 인식'됩니다. 이미 성령님이 그 사람의 혼과 육도 통치하고 있기 때문에 하나님의 거룩성 앞에 그것이 여실히 드러나는 것입니다.

우리는 성경을 통해 사도 바울이 얼마나 위대한 삶을 살았는지를 잘 알고 있습니다. 그런데 이러한 위대한 삶을 산 사도 바울이 자신을 향해 무엇이라 고백했습니까?

> "오호라 나는 곤고한 사람이로다 이 사망의 몸에서 누가 나를 건져내랴" (롬 7:24, 개정)

예전에 이 말씀을 보며 "사도 바울도 우리와 같은 성정을 가진 사람이구나"라고 생각한 적이 있었습니다. 그런데 성령의 통치 단계를 통해 조명해 보니 다른 시각으로 보게 되었습니다. 사도 바울이 성령님께 온전히 영혼육이 통치를 받고 있었기 때문에 아주 사소한 죄 일지라도 이렇게 반응했던 것입니다. 성령께 온전히 영혼육을 통치를 받는 사람은 죄에 대해 민감해 집니다. 그렇기 때문에 이러한 사람들은 죄에 대해 '죽기까지, 피 흘리기까지' 싸우는 것입니다 (히 12:4).

2) 환경이나 상황의 지배를 받지 않음

이 단계는 '하나님의 형상으로 회복되는 단계'를 지나고 있는 과정이므로 주변의 환경이나 상황에 의해 제약을 받지 않습니다. 사도 바울은 데살로가전서에서 이렇게 말했습니다.

> "항상 기뻐하라 쉬지 말고 기도하라 범사에 감사하라 이것이 그리스도 예수 안에서 너희를 향하신 하나님의 뜻이니라" (살전 5:16-18, 개정)

오래 전 이 말씀에 깊은 감명을 받고 나도 이렇게 살아보기로 작정했습니다. 그래서 어떠한 순간이라도 기뻐하려고 했습니다. 또한 감사하려고 노력했습니다. 그러나 며칠 가지 못했습니다. 기뻐한 척을 했고, 감사한 척을 했던 것입니다. 그러나 성령으로부터 온전히 영혼육을 통치를 받는 사람은 환경이나 상황에 상관없이 실제로 기뻐하며 감사하며 쉬지 않고 기도하는 삶[77]을 살게 됩니다.

우리는 스데반에게도 이러한 모습을 발견할 수 있습니다. 돌을 던지며 죽이고자 달려드는 사람을 향해 스데반은 죽어가면서 "주여 이 죄를

---

77) 이런 사람들은 항상 기도합니다. 육성의 기도뿐 아니라, 영의 기도인 방언으로 기도합니다. 걸을 때도 일을 할 때도 설거지를 할 때도 쉬지 않고 기도할 수 있습니다(고전 14:18). 영이 민감해지며 활성화되므로 영의 상태를 인식할 수 있으며 자는 동안에는 영이 직접 기도하는 것을 느낄 수도 있습니다. 또한 온전히 영이 성장한 사람은 내주하시는 성령님과 교통이 이루어집니다.

그들에게 돌리지 마옵소서"(행 7:60)라고 했습니다. 스데반은 순교의 자리에서도 예수 그리스도를 증거했습니다. 성령의 충만으로 온전한 성령의 통치를 받는 사람만이 행할 수 있는 모습입니다(행 7:55). 환경과 상황에 상관없이 성령님의 마음으로 그들을 품고 용서하는 것입니다. 또한 우리는 하박국 선지자의 모습을 통해서도 이러한 모습을 발견할 수 있습니다.

> "비록 무화과나무가 무성하지 못하며 포도나무에 열매가 없으며 감람나무에 소출이 없으며 밭에 먹을 것이 없으며 우리에 양이 없으며 외양간에 소가 없을지라도 나는 여호와로 말미암아 즐거워하며 나의 구원의 하나님으로 말미암아 기뻐하리로다" (합 3:17-18, 개정)

하박국 선지자의 고백은 상황과 환경은 나쁘지만 억지로라도 기뻐하며 감사하자고 결심해서 나올 수 있는 것이 아닙니다. 영혼육이 온전히 성령님(하나님)께 통치를 받는 사람들은 영으로부터 하나님의 인성(인격)이 흘러나와 혼과 육을 지배하기 때문에, 환경과 상황에 관계없이 하나님을 찬양할 수 있는 것입니다. 하나님을 기뻐하며 감사할 수 있는 것이며 심지어 자기를 죽이는 사람들을 용서할 수도 있는 것입니다.

사도바울, 스데반, 하박국 선지자에게서 볼 수 있는 공통적인 특징이 바로 '성령 충만'[78]입니다. 성령의 충만함으로 혼적인 작용에서 나오는 불평, 불만, 원망, 죄성과 같은 것조차도 통제하며 절제할 수 있는 단계에 이른 것입니다. 영이 리더로서 혼을 통제하므로 환경과 상황에 구애받지 않고 하나님을 찬양하며 하나님께 완전하게 순복되는 것입니다. 의인의 단계를 넘어서 '혼과 육이 영에 온전히 순복하는 단계'로서 '성령의 온전한 통치를 받는 성령충만'의 단계인 것입니다.

3) 권능이 나타남

이 단계에서는 '그 배에서 생수의 강이 흘러넘치듯이(요 7:38)' 그의 영 안에 성령의 충만함이 넘칩니다. 성령의 충만함이 차고 넘쳐 그것이 실상에서 권능으로 나타나게 됩니다.[79] 이러한 전형적인 예가 바로 사도 바울에게서 나타나는 권능입니다.

> "우리는 무교절 후에 빌립보에서 배로 떠나 닷새 만에 드로아에 있는 그들에게 가서 이레를 머무르니라 그 주간의 첫날에 우리가 떡을 떼려 하여 모였더니 바울이 이튿날 떠나고자 하여 그들에게 강론할새 말을 밤중까지 계속하매 우리가 모인 윗다락에 등불을 많이 켰는데 유두고라

---

78) 이것은 성령의 임재로 인한 단회적인 성령 충만이 아니라, 영혼육이 온전히 성령에 의해 통치됨으로 일어나는 '성령의 충만한 통치'를 의미합니다.
79) 하나님의 권능에 대해서는 제 2 권, '성령의 영적 세계'에서 더 자세하게 다룰 것입니다.

하는 청년이 창에 걸터 앉아 있다가 깊이 졸더니 바울이 강론하기를 더 오래 하매 졸음을 이기지 못하여 삼 층에서 떨어지거늘 일으켜보니 죽었는지라 바울이 내려가서 그 위에 엎드려 그 몸을 안고 말하되 떠들지 말라 생명이 그에게 있다 하고 올라가 떡을 떼어 먹고 오랫동안 곧 날이 새기까지 이야기하고 떠나니라"

(행 20:6-11, 개정)

"하나님이 바울의 손으로 놀라운 능력을 행하게 하시니 심지어 사람들이 바울의 몸에서 손수건이나 앞치마를 가져다가 병든 사람에게 얹으면 그 병이 떠나고 악귀도 나가더라" (행 19:11-12, 개정)

사도 바울이 행했던 권능의 원천이 어디입니까? 영에 내주하고 계신 성령하나님의 충만함이 사도 바울을 통해 흘러넘친 것입니다. 바울이 특별하고 신령한 사람이라서 이러한 놀라운 권능을 행한 것이 아니라 그의 영혼육이 온전하게 성령의 통치권 아래 있었기 때문에 하나님의 권능이 그를 통해 흘러나온 것입니다. 우리의 영 안의 내재되어 있는 잠재 능력인 '하나님의 신성'이 권능으로 나타난 것입니다.

의인의 간구는 역사하는 힘이 크다고 했습니다(약 5:16). 그런데 성경은 의인의 간구가 역사하는 힘이 크다고 표현했지 100퍼센트 역사한다고는 단정 짓지 않았습니다. 그러나 성령께 '영혼육'을 통치 받는 사람의 간구와 권능은 의인의 간구와는 차원이 다릅니다. 성령께서 그 사람의 영혼육을 직접 통치하며 하나님의 일을 행하시기 때문입니다. 이 단계의 사람을 '성령의 사람'이라 칭할 수 있습니다. 이런 성령의 사람들을 통해 하나님의 권능과 큰 일들이 나타나는 것입니다.[80]

4) 온전한 하늘의 영성을 소유함

이 단계의 사람은 '온전한 영성'의 모습이 나타납니다. 일반적으로 우리는 영적전쟁에 능하며 능력을 행하는 사람을 영성이 있다고 평가합니다. 귀신을 쫓아내고 병을 치료하며 이적과 표적을 행하는 사람들에게는 놀라운 영성이 있다며 환호하기도 합니다. 그러나 하나님의 관점은 이와 다릅니다. 하나님은 '예수 그리스도의 영이 얼마나 충만하게 채워져 있느냐'로 영성을 판단하십니다. 영성은 '영적인 성품'이기 때문입니다. '예수님의 사랑과 성품과 인격'이 우리를 채우고 있다면 하나님이 인정한 '하늘의 영성'을 소유한 사람입니다.

에녹이 바로 그런 사람입니다. 에녹이 기적과 이적과 표적을 행했다는 기록은 성경에서 찾아볼 수 없습니다. 에녹은 단지 하나님과 동행하

---

80) "내가 진실로 진실로 너희에게 이르노니 나를 믿는 자는 내가 하는 일을 그도 할 것이요 또한 그보다 큰일도 하리니 이는 내가 아버지께로 감이라"(요 14:12, 개정)

며 하나님을 기쁘시게 했던 자라는 증거를 받았을 뿐입니다.[81] 이 세상에서 하나님의 친구로서의 삶을 산 것입니다. 그러나 에녹에게는 놀랄 만한 권능과 능력은 없었지만 하나님이 인정한 하늘의 영성을 가진 사람이었습니다. 하나님은 에녹과 같이 하나님과 동행하는 영성을 우리가 소유하기를 원하십니다. 예수님의 부드러움이 우리의 삶 속에 녹아져 '부드러움(온유)의 영성'으로 나타나길 원하십니다. 하나님의 사랑이 '사랑의 영성'으로, 또한 예수님의 섬김이 '섬김의 영성'으로 우리 삶에서 열매 맺어지길 원하십니다. 겸손의 영성, 정직의 영성, 깨끗한 영성들의 열매들이 나타나길 원하십니다. 또 하나님은 '하나님의 인성(성품)'이 '성령의 열매'로 나타나기 원하십니다.

이것이 진정으로 하나님이 기뻐하시는 영성입니다. 하늘이 인정하는 영성인 것입니다. 영성은 권능이나 이적으로 판단될 수 없으며 그것은 심히 잘못된 것입니다. 권능 없이도 온전한 영성을 가진 사람들이 많습니다.

그러므로 우리가 하늘의 영성을 소유하기 위해서는 먼저 예수님의 사랑과 성품과 인품을 우리 안에 가득 채워야 합니다. 반드시 권능보다 영성이 먼저라는 것을 기억해야 합니다. 그런 다음 하나님께서 이러한 영성을 소유한 성령의 사람에게 '사역을 위해' 권능의 기름부음을 부

---

81) "믿음으로 에녹은 죽음을 보지 않고 옮겨졌으니 하나님이 그를 옮기심으로 다시 보이지 아니하였느니라 그는 옮겨지기 전에 하나님을 기쁘시게 하는 자라 하는 증거를 받았느니라"(히 11:5, 개정)

을 때 온전한 권능이 쏟아져 나오는 것입니다. 이것이 바로 하나님이 기뻐하시는 온전한 영성으로 다듬어진 겸손한 권능입니다.

이 단계에서 성령님이 우리를 성장시키는 방법

1) 피흘리기까지 죄와의 싸움

"항상 기뻐하라 쉬지 말고 기도하라 범사에 감사하라 이것이 그리스도 예수 안에서 너희를 향하신 하나님의 뜻이니라 성령을 소멸하지 말며 예언을 멸시하지 말고 범사에 헤아려 좋은 것을 취하고 악은 어떤 모양이라도 버리라 평강의 하나님이 친히 너희를 온전히 거룩하게 하시고 또 너희의 온 영과 혼과 몸이 우리 주 예수 그리스도께서 강림하실 때에 흠 없게 보전되기를 원하노라"(살전 5:16-23, 개정)

사도 바울은 데살로니가전서 말씀을 통해 우리의 온 영과 혼과 육(몸)이 예수님이 강림하실 때까지 흠 없이 보전되기를 원한다고 했습니다. 영혼육이 흠 없이 보전되는 것, 이것이 바로 성령의 통치를 받는 사람의 모습입니다. 그렇다면 사도 바울은 우리의 영혼육을 어떻게 온전하게 보전하라고 말하고 있습니까?

'범사에 좋은 것을 취하고 악은 그 모양이라도 취하지 말아야 한다'

고 가르칩니다. 죄와 악은 영과 혼이 연합되는 것을 막는 최대의 적입니다. 이를 너무나 잘 아는 사탄이 죄와 악으로서 우리를 공격하는 것입니다. 그래서 이 단계에서는 '악은 모양'이라도 취하지 말아야 합니다. 부정적인 생각, 죄 된 생각, 더러운 생각들이 올라오면 즉각적으로 대적하며 악은 모양이라도 취하지 말아야 합니다. 악은 그 어떤 모양이라도 버리면서 '혼'은 범사에 헤아려 좋은 것을 취해야 합니다. 이렇게 계속해서 죄와 싸워 나갈 때 '혼에도' 거룩성이 입혀지게 됩니다. 영 안에 있는 '하나님의 인성(성품)'과 혼이 연합되기 때문입니다.

그러므로 이 단계에 온전히 이르기 위해서는 피흘리기까지 죄와 싸워야 하며, 하나님 앞에 선한 모습으로 서야 합니다.

2) 말씀과 기도를 통한 성장

우리는 죄와의 싸움을 통해 영적으로 성장해 나가야 하지만 또한 말씀과 기도를 통해서도 성장을 이루어야 합니다. 여기서 말하는 말씀은 단순히 성경을 읽는 정도의 수준을 말하는 것이 아닙니다. 말씀을 읽을 뿐만 아니라 그 말씀대로 살아가는 것입니다. 성령께서 말씀을 조명해 주시며 삶에 적용시키도록 친히 인도하시며 강권적으로 이끌어 가시는 단계인 것입니다.

성령이 없는 사람들은 성경 말씀을 그저 문자로 보며 깨달을 수도 없습니다. 그러나 이 단계에 이른 사람들은 말씀이 삶을 주도해 갑니다. 좌우에 어떤 검보다 날카로운 말씀이 혼과 영과 골수를 찔러 쪼개는 것입니다. 이렇게 말씀에 혼과 육이 순복될 때 우리의 영 안에 있는 잠재 능력(신성)이 혼과 육을 통해 흘러나오는 것입니다.

또한 이 단계에 이른 사람들은 많은 시간을 기도합니다. 가능하면 항상 기도합니다.[82]

많은 신앙인들이 기도를 우리의 소원과 간구를 올리는 도구로 생각을 합니다. 그러나 기도의 목적은 하나님과의 소통입니다. 하나님과의 대화의 장이며 하나님의 마음을 알아 가는 통로입니다. 그래서 기도를 많이 하면 하나님과의 소통이 열릴 뿐 아니라 역사할 수 있는 통로도 더 커지고 강해지며 민감해집니다. 이렇게 하나님의 통로가 준비되었을 때 하나님의 음성을 들을 수 있을 뿐 아니라, 영에 있는 하나님의 신성(권능)이 심령을 통해 혼의 방해를 받지 않고 우리 눈앞에 나타나게 되는 것입니다.

이것이 바로 하나님의 권능이 나타나는 영적인 원리입니다.

우리의 영혼육이 온전히 성령님께 통치를 받기 위해서는 반드시 죄의 속성들을 제거해 나가야 합니다. 또한 날마다 회개하며 혈과 육의 내재된 죄성들을 끊어가며 하나님 앞에 선한 일꾼들로 서야 합니다. 또한

---

82) 이때 방언 기도가 굉장히 유효합니다.

'항상 기도'를 통해 성령님께 늘 통로를 열어 놓아야 합니다. 이렇게 할 때 비로소 잠재 능력(신성)이 성장하며 훈련되어 하나님의 자녀로서 권능 있는 삶을 살게 되는 것입니다.

3) 온전히 성령의 음성에 순종함.

또한 이 단계에 있는 사람들은 온전히 성령의 음성에 순종합니다. 이미 영과 혼이 혼연일체로 합일된 단계이기 때문에 영에 계신 성령님이 말씀하시면 혼이 그 음성을 들을 수 있습니다. 감동을 통해서 혹은 직접적인 음성을 통해서 여러 계시를 통해서 들을 수 있습니다.[83]

이 단계의 사람들은 성령의 음성을 듣고 순종하며 따라갑니다. 그래서 이 단계에 이른 사람들의 대부분의 삶은 자기중심이 아니라 하나님 중심이 됩니다. 삶의 목적을 하나님 나라가 이 땅에서 확장되고 하나님의 뜻이 이 땅 가운데 이루어지는 것에 두는 것입니다. 우리는 사도행전의 사도들의 모습에서 이 모습을 발견하며, 또한 초대교회에 속해 있던 성도(제자)들을 통해 이 모습을 발견하게 됩니다. 그리고 이 단계의 사람들은 성령의 음성에 순종하여 살아가므로 계속적인 성령 충만(성령의 완전한 통치)를 유지합니다.

---

83) 성령하나님의 음성은 제 2권 '성령의 영적 세계'에서 더 자세히 다루어집니다.

하나님이 우리를 하나님의 형상으로
회복시키셔서 하기 원하시는 일

사실 우리는 이렇게 생고생(?)을 하지 않아도 하나님의 권능을 행하며 살 수 있었던 존재였습니다. 하나님께서 아담을 창조하셨을 때 땅을 다스릴 수 있는 신적인 권능을 부어 주셨기 때문입니다. 다스린다는 것은 능력이 있는 자가 통치하는 것으로 하나님이 이미 아담에게 준 신적 권한과 능력이었습니다. 그래서 아담 안에는 이미 만물을 다스릴 수 있는 통치권, 즉 '하나님의 신성'이 작동하고 있었습니다. 그러나 이것은 죄를 짓기 전에 아담의 모습입니다. 만약 아담이 죄를 짓지 않고 에덴에서 쫓겨나지 않았다면 지금 우리도 하나님의 자녀로서 특권을 누리며 여전히 에덴동산에서 하나님의 신성을 사용하며 살고 있었을 것입니다. 그러나 죄가 이러한 능력을 무능하게 만들었습니다. 아담이 죄를 수용하므로 영 안에 있는 잠재능력(하나님의 신성)이 차단된 것입니다. 하나님과 죄는 함께 거할 수 없으므로 하나님의 신성이 제한되며 단절된 것입니다.

또한 타락과 함께 혼에 대한 영(하나님의 인성)의 영향력도 단절되었습니다. 타락 후에는 하나님의 인성(인격, 성품)이 아니라 수치와 비난과 불평이 나타나기 시작한 것입니다.

"여호와 하나님이 아담을 부르시며 그에게 이르시되 네가 어디 있느냐 이르되 내가 동산에서 하나님의 소리를 듣고 내가 벗었으므로 두려워하여 숨었나이다 이르시되 누가 너의 벗었음을 네게 알렸느냐 내가 네게 먹지 말라 명한 그 나무 열매를 네가 먹었느냐 아담이 이르되 하나님이 주셔서 나와 함께 있게 하신 여자 그가 그 나무 열매를 내게 주므로 내가 먹었나이다" (창 3:9-12, 개정)

죄는 하나님의 신성뿐만 아니라 인성도 단절을 시켰습니다. 죄가 침투하여 영과 혼이 분리됨으로 생긴 일입니다. 아담에게서 하나님의 온전한 인성(하나님의 성품)과 신성(신적인 권능)[84]이 사라진 것입니다. 그래서 우리가 이러한 하나님의 인성과 신성을 회복하기 위해 '죄와 피 흘리기까지 싸우는 것'이며 말씀과 기도를 통해 '거룩한 영혼'을 만들어 가는 것입니다. 또한 '성령님이 나를 온전히 통치하시도록 순복'하는 것입니다. 이를 통해 온전한 하나님의 형상으로 회복되기 때문입니다.

그러나 여기에서 주목할 것은 성령에 의해 영혼육이 온전히 통치를 받아 신적인 능력이 회복된다할지라도 아담의 시대 때의 신적 권능과는 다르다는 것을 기억해야 합니다. 아담을 창조했을 당시 에덴을 다스리는 신적 존재는 아담이었습니다. 그러나 타락함으로서 그 신적인 능력

---

84) 하나님이 아담에게 주신 만물의 통치권은 '모든 만물이 아담에게 굴복하는 통치권'입니다. 모든 만물이 아담의 말에 복종해야 하는 것입니다. 사자도 호랑이도 예외가 아닙니다. 아담을 통해 이름을 받고, 통치를 받는 것입니다. 그러나 타락 이후에 인간에게 주어진 통치권은 아담의 통치권과 다릅니다. 타락 이후의 통치권은 단지 이 땅의 '지배권'일 뿐입니다(창 9:1-2).

을 잃었습니다. 그 아담의 신적 권위가 사탄에게 이양된 것입니다. 아담이 죄짓기 전까지는 하나님의 신성을 부여 받은 신적인 존재였지만 타락함으로써 사탄이 이 세상의 신이 된 것입니다.[85] 그래서 우리의 영이 회복되어 하나님이 신성이 나타난다 할지라도 아담이 누렸던 이 세상을 다스리는 신적 권능(만물 통치권)까지는 가질 수 없습니다. 사탄이 다스림의 권세를 취하여 이 세상의 신이 되었기 때문입니다.

그러므로 현재 우리가 가질 수 있는 회복된 권리는 사탄의 통치를 받지 않고 성령과 동행하며 '하나님의 자녀'[86]로서 살아가는 것입니다. 또한 이렇게 산 자에게 '천국'을 유업으로 주십니다. 천국에서 영원한 영생을 누리며 살도록 하는 것입니다. 이것이 바로 회복된 자의 특권입니다.

그러나 또한 의무도 있습니다. 그것은 우리가 하나님의 자녀로서 사탄에게 빼앗긴 통치권을 영적 전쟁을 통해 다시 탈환해 나가는 것입니다. 사탄의 올무에 잡혀 지옥으로 끌려가는 영혼들을 하나님 앞에 다시 서도록 이끄는 것이 하나님의 자녀인 우리가 해야 할 의무입니다. 우리가 이런 소명들을 이루어갈 때 하나님께서는 하나님의 사역을 잘 감당할 수 있도록 권능을 쏟아 부어 주시는 것입니다.

---

85) "그 중에 이 '세상의 신'이 믿지 아니하는 자들의 마음을 혼미하게 하여 그리스도의 영광의 복음의 광채가 비치지 못하게 함이니 그리스도는 하나님의 형상이니라"(고후 4:4, 개정)
86) 온전한 하나님의 인성과 신성이 회복되는 단계로서 우리의 삶에서 인성이 성령의 열매(온전한 하늘의 영성)로 나타나게 되며, 신성은 하나님의 권능으로서 우리 가운데 나타나게 됩니다.

사도 바울과 베드로에게 나타났던 권능은 자신의 유익을 위해 사용할 때 나타난 것이 아닙니다. 하나님의 사역을 할 때 권능과 이적이 쏟아져 나온 것이며 이로 인해 하나님의 나라가 확장된 것입니다. 또한 사도 바울이 지나간 자리마다 음부의 권세가 이길 수 없는 교회들이 세워진 것입니다. 이것이 바로 하나님이 우리의 영혼육을 회복시켜 하나님의 자녀된 우리를 통해 이 땅 가운데 이루고자 하는 일들입니다.

그러나 우리가 하나님의 권능을 사모해야 하나 주의할 것도 있습니다. 만약 영혼육이 온전히 하나님의 통치로 일어나지 않은 사람이 능력과 기적만을 갈망하며 행하려 하다가는 자칫하면 사탄의 종이 될 수도 있다는 것입니다. 이 세상의 신인 사탄도 우리에게 능력을 줄 수 있습니다. 성령의 통치가 아니라 사탄의 지배를 통해서도 이러한 비슷한 현상이 나타날 수 있는 것입니다.[87] 사탄의 도구로 사용되었던 바예수가 그런 부류중 하나였으며 그에게도 사탄의 능력이 나타났습니다. 점을 치기도 하며 사람을 미혹시키는 마술을 행하기도 했습니다. 그러므로 성령의 온전한 통치를 받지 않은 상태로 권능만을 갈망하게 된다면 사탄이 거짓 능력을 줌으로 역사를 일으킬 수도 있음을 반드시 명심해야 합니다. 바로 이러한 사람들이 거짓 선지자가 되며 삯군 목자가 되며 사

---

87) 하나님의 권능은 영에서 혼으로 흘러 육체를 통해 세상에 나타나게 됩니다. 그러나 사탄의 권능은 사탄에게서 혼을 통해 육체로 나타나게 됩니다.

탄의 도구가 되는 것입니다.

  마지막 때에는 이런 자들이 불일 듯 일어날 것입니다. 불법의 종들과 삯군 목자들이 이적과 기적을 행하며 많은 신자들을 미혹할 것입니다. 더 큰 문제는 정작 본인은 사탄의 지배를 받고 있음에도 불구하고 기적과 표적을 하나님의 역사라고 선포한다는 것입니다. 그러므로 마지막 때에 분별력을 가지고 깨어 있어야 합니다. 기적과 능력을 일으키는 사람들에 대해 분별할 수 있는 눈을 가져야 합니다.[88]

  성령님은 우리의 영혼육의 온전한 통치자가 되시길 원하십니다. 하나님은 이런 사람들을 통해 하나님 나라를 확장하기 원하십니다. 특별히 이 마지막 때에는 하나님이 이러한 사람들을 '하나님의 군대'로 세우시기 원하십니다. 마지막 때 이 땅 가운데서 이루어질 대부흥과 대추수를 위해서 말입니다.

> "〈땅의 추수〉 눈앞에 흰 구름이 펼쳐지며, 그 구름 위에 한 분이 앉아 계신 것이 보였습니다. 그분은 '사람의 아들'이라고 불리는 예수님 같았습니다. 그분은 머리에 금관을 쓰고, 손에는 날카로운 낫을 들고 계셨습니다. 그 때, 한 천사가 성전에서 나오더니, 구름 위에 앉아 계시는 분에

---

88) 이것에 대한 구별과 영적 분별은 제2권 '악령의 영적 세계'와 '성령의 영적 세계에서 자세히 다루게 될 것입니다.

게 외쳤습니다. "낫을 들어 추수를 시작하십시오. 곡식이 무르익어 거둘 때가 되었습니다." 그러자 그분은 땅 위로 낫을 휘둘렀고, 곡식은 추수되었습니다."[89] (계 14:14-16, 쉬운)

〈2권에서 계속〉

---

[89] "또 내가 보니 흰 구름이 있고 구름 위에 인자와 같은 이가 앉으셨는데 그 머리에는 금 면류관이 있고 그 손에는 예리한 낫을 가졌더라 또 다른 천사가 성전으로부터 나와 구름 위에 앉은 이를 향하여 큰 음성으로 외쳐 이르되 당신의 낫을 휘둘러 거두소서 땅의 곡식이 다 익어 거둘 때가 이르렀음이니이다 하니 구름 위에 앉으신 이가 낫을 땅에 휘두르매 땅의 곡식이 거두어지니라"(계 14:14-16, 개정)

하나님의 사람들 시리즈

시리즈 1
하나님의 선물
방언의 숨겨진 비밀

우리는 방언으로 기도하지만, 방언에 얼마나 놀라운 하나님의 선물이 숨겨져 있는지 모른다. 이 책은 방언으로 기도할 때 방언이 어떤 단계로 성숙하는지를 보여주고, 또한 방언에 궁금했던 것들, 영적 원리들을 다룸으로 방언 기도를 통해 하나님께 더 가까이 가도록 돕는 책이다.

시리즈 2
주어진 권세로
영적 세계를 정복하라 • 1

1권은 영적 세계의 전반적인 영적인 원리를 다룬 책이다. 인간 영혼육의 창조 원리를 다루고 사탄이 어떻게 인간에게 침투하는지, 또한 성령님이 우리를 어떻게 성장시키고 양육하는지를 다룬 책이다.

시리즈 3
주어진 권세로
영적 세계를 정복하라 • 2

2권은 영적 세계의 원리를 기반으로 믿는 자들에게 연관된 영적인 적용을 다룬다. 사탄이 어떻게 인간을 공격하며, 성령님은 어떤 방법으로 우리에게 역사하며 소통하는지, 또한 믿는 자들이 어떻게 영적으로 성장해야 하는지 방법을 제시하는 책이다.

시리즈 4
부탁합니다.
제발 자살하지 마세요

오늘도 많은 사람들이 자살을 선택한다. 희망이 없다고 생각하기 때문이다. 에스더 권 선교사는 가족의 세 명을 자살로 잃었다. 절망이 가득찬 삶이었다. 그러나 지금 그녀는 행복하다고 말한다. 무엇이 그녀를 이렇게 만든 것일까?